I DIRITTI DELL'OCEANO

Guida alla lettura dell'Accordo
ONU sull'Alto Mare

Roberto Sammarchi

Parma & Sammarchi - Imprese e diritti

Copyright © 2024 Parma & Sammarchi

Tutti i diritti riservati.

SOMMARIO

Frontespizio
Copyright
Introduzione
Il percorso storico   1
La sostenibilità: etica o diritto?   8
I contenuti della Convenzione UNCLOS   13
Testo dell'Accordo   20
Preambolo   21
Parte I   24
Parte II   30
Parte III   44
Parte IV   58
Parte V   75
Parte VI   83
Parte VII   91
Parte VIII   96
Parte IX   98
Parte X   102
Parte XI   103
Parte XII   104
Allegato I   111

Allegato II 113
L'autore 118

Introduzione

Al termine di un lungo percorso di evoluzione, la sostenibilità è diventata un tema centrale per molti strumenti del diritto internazionale. Fra questi, un ruolo particolare spetta all'Accordo sulla conservazione e l'uso sostenibile della biodiversità marina delle aree al di fuori della giurisdizione nazionale.

Le più importanti risorse dalle quali dipende la stessa continuità della vita, tra le quali compare con un ruolo centrale l'oceano, vengono considerate non più come semplice oggetto di obblighi giuridici, ma piuttosto come l'elemento di natura originaria, costitutiva e fondativa di una responsabilità giuridica che vede l'oceano portatore di un diritto a essere custodito, curato, gestito, conosciuto, non in vista anzitutto del suo utilizzo, ma del bene in sé che rappresenta e del suo valore.

Un bene anche culturale che non riguarda solo il presente, ma deve essere conservato intatto o ripristinato per le prossime generazioni.

Il percorso storico

Nella mitologia greca "Oceano", figlio di Urano (il cielo) e di Gea (la terra) è un titano, rappresentato anche come l'immenso fiume che circonda tutte le terre e ne costituisce il confine invalicabile, senza avere a sua volta un confine.

Con i suoi 1,5 miliardi di chilometri cubi d'acqua, una profondità media di 3.800 metri e una superficie pari a circa il 70% di quella totale della Terra, si tratta dell'ecosistema più vasto del pianeta, il cui ruolo è essenziale per la conservazione della vita. L'ossigeno che respiriamo, l'acqua che beviamo, le riserve di cibo, il clima, dipendono dalla salute dell'oceano.

"Oceano", usato al singolare, indica il sistema unico che collega tutte le terre emerse. Da questo punto di vista, esiste un solo oceano. Un solo oceano, un solo pianeta, una sola responsabilità per custodire questo straordinario tesoro che è la nostra casa comune. Le differenze di interessi, i conflitti, gli errori storici non possono far dimenticare questa realtà semplice ed evidente: ciò che facciamo della nostra casa è fatto a noi stessi e alle generazioni future.

È questo il punto di vista che cercheremo di sviluppare nelle pagine seguenti; usando una sola parola ormai entrata nell'uso comune si tratta di assumere la responsabilità per una gestione *sostenibile* dell'oceano.

La Commissione ONU per gli Affari degli Oceani e la Legge

del Mare - nella sezione introduttiva del sito dedicato alla Convenzione ONU sulla Legge del Mare (UNCLOS)[1] - ricorda che gli oceani sono stati a lungo soggetti al principio della libertà dei mari, introdotto nel corso del diciassettesimo secolo.

I diritti nazionali e la giurisdizione sugli oceani in base a questo principio erano limitati a una stretta fascia di mare, tipicamente tre miglia, che circondava la costa di una nazione. Il resto dei mari era proclamato libero per tutti e appartenente a nessuno. Sebbene questa situazione fosse ancora diffusa fino alla metà del ventesimo secolo, successivamente vi fu un impulso ad estendere le rivendicazioni nazionali sulle risorse offshore.

Cresceva la preoccupazione per il prelievo sui banchi di pesci costieri da parte di flotte di pesca a lungo raggio e per la minaccia dell'inquinamento e dei rifiuti delle navi da trasporto e delle petroliere che trasportavano carichi nocivi e percorrevano rotte marittime in tutto il mondo. Il pericolo dell'inquinamento era sempre presente e minacciava le località costiere e tutte le forme di vita oceanica. Inoltre, con l'aggravarsi delle divisioni fra blocchi continentali note come "guerra fredda", le marine delle principali potenze competevano per mantenere una presenza in tutto il mondo sulle acque di superficie e anche sotto il mare.

Rivendicazioni in materia di sovranità e confini, drammatica diffusione dell'inquinamento, rivendicazioni su riserve di pesce redditizie nelle acque costiere e nei mari adiacenti, crescente tensione tra i diritti delle nazioni costiere e quelli dei pescatori d'altura, le prospettive di un ricco sfruttamento di risorse sul fondale marino, la crescente presenza delle potenze marittime, le pressioni della navigazione a lungo raggio e una dottrina della libertà dei mari apparentemente obsoleta, se non intrinsecamente conflittuale - tutto ciò minacciava di trasformare gli oceani in un campo di conflitto e instabilità.

Nel 1945, il presidente Harry S. Truman, rispondendo in parte alla pressione degli interessi petroliferi interni, estese unilateralmente la giurisdizione degli Stati Uniti su tutte le risorse naturali presenti sulla piattaforma continentale della nazione - petrolio, gas, minerali, ecc. Questa fu la prima grande sfida alla dottrina della libertà dei mari. Altre nazioni seguirono presto l'esempio.

Nell'ottobre del 1946, l'Argentina rivendicò la sua piattaforma e il mare epicontinentale sovrastante.

Il Cile e il Perù nel 1947, e l'Ecuador nel 1950, rivendicarono diritti sovrani su una zona di 200 miglia, cercando di limitare l'accesso delle flotte di pesca d'altura e di controllare il depauperamento degli stock ittici nei propri mari adiacenti.

Subito dopo la Seconda Guerra Mondiale, l'Egitto, l'Etiopia, l'Arabia Saudita, la Libia, il Venezuela e alcuni paesi dell'Europa orientale avevano rivendicato un confine del mare territoriale esteso a 12 miglia, allontanandosi chiaramente dai limiti tradizionali.

In seguito, la nazione insulare dell'Indonesia rivendicò il diritto di dominare le acque che separavano le sue oltre 13.000 isole. Anche le Filippine fecero lo stesso. Nel 1970, il Canada rivendicò il diritto di regolamentare la navigazione in un'area che si estendeva per 100 miglia dalle sue coste per proteggere le acque artiche dall'inquinamento.

Dal petrolio allo stagno, dai diamanti alla ghiaia, dai metalli ai pesci, le risorse del mare si sono rivelate sempre più importanti e preziose. La realtà del loro sfruttamento ha continuato a crescere con lo sviluppo della tecnologia disponibile su larga scala.

Alla fine degli anni '60, l'esplorazione petrolifera si spingeva sempre più lontano dalla terra, sempre più in profondità nel substrato delle piattaforme continentali. Da un modesto inizio nel 1947 nel Golfo del Messico, la produzione di petrolio offshore, ancora meno di un milione di tonnellate nel 1954, era cresciuta fino a quasi 400 milioni di tonnellate. Le attrezzature per la perforazione petrolifera si spingevano già fino a 4.000 metri sotto la superficie oceanica.

Gli oceani venivano sfruttati come mai in precedenza.

Attività sconosciute appena due decenni prima erano in pieno svolgimento in tutto il mondo. Lo stagno era stato estratto nelle acque poco profonde al largo della Thailandia e dell'Indonesia. Il Sudafrica stava per sfruttare la costa della Namibia per l'estrazione di diamanti.

Cresceva l'interesse per il contenuto di metalli di rocce e formazioni sottomarine a elevate profondità.

Poi c'era la pesca. Grandi navi solcavano gli oceani lontano dalle loro coste native, capaci di rimanere lontano dai porti per mesi e di raccogliere enormi quantità di pesce, spesso danneggiando in modo grave fondali e zone di riproduzione.

Gli stock ittici cominciavano a mostrare segni di sofferenza man mano che flotta dopo flotta le coste più remote erano intensamente sfruttate, talvolta riducendo alla fame le popolazioni rivierasche.

Le nazioni invadevano le acque di pesca più ricche con le loro flotte, praticamente senza restrizioni: gli Stati costieri fissavano limiti e gli altri Stati li contestavano.

La cosiddetta "Guerra del Merluzzo" tra Islanda e Regno Unito aveva portato allo spettacolo di navi della Marina britannica inviate a salvare una nave sequestrata dall'Islanda per aver violato le proprie regole di pesca.

Il petrolio offshore era al centro dell'attrazione nel Mare del Nord. La Gran Bretagna, la Danimarca e la Germania erano in conflitto su come dividere la piattaforma continentale, con le sue ricche risorse petrolifere.

Era la fine del 1967 e la tranquillità del mare veniva lentamente disturbata dalle innovazioni tecnologiche, dall'accelerazione e dalla moltiplicazione degli usi e da una rivalità tra superpotenze pronta ad entrare nell'ultimo rifugio dell'uomo - il fondale marino.

Era un'epoca che conteneva sia pericoli sia promesse, rischi e speranze.

I pericoli erano numerosi: sottomarini nucleari che mappavano acque profonde mai esplorate prima; progetti per sistemi antibalistici da collocare sul fondale marino; superpetroliere che trasportavano petrolio dal Medio Oriente ai porti europei e di altri paesi, passando attraverso stretti congestionati e lasciando dietro di sé una scia di fuoriuscite di petrolio; crescenti tensioni tra le nazioni per rivendicazioni contrastanti sullo spazio oceanico e sulle risorse.

Gli oceani generavano una moltitudine di rivendicazioni, contro rivendicazioni e dispute di sovranità.

La speranza era per un ordine più stabile, che promuovesse un maggiore uso e una migliore gestione delle risorse oceaniche e generasse armonia e buona volontà tra gli Stati, che non avrebbero più dovuto guardarsi con sospetto per rivendicazioni contrastanti.

Il 1° novembre 1967, l'ambasciatore di Malta presso le Nazioni Unite, Arvid Pardo, chiese alle nazioni del mondo di guardarsi intorno e aprire gli occhi su un conflitto imminente che poteva devastare gli oceani, linea invalicabile per la sopravvivenza umana. In un discorso all'Assemblea Generale delle Nazioni Unite, parlò della rivalità tra superpotenze che si stava diffondendo negli oceani, dell'inquinamento che stava avvelenando i mari, delle rivendicazioni contrastanti e delle loro implicazioni per un ordine stabile e del ricco potenziale che giaceva sul fondale marino.

Pardo concluse con un appello per un regime internazionale efficace del fondale marino e dell'oceano, al di là di una giurisdizione nazionale chiaramente definita. Unica alternativa per evitare l'escalation delle tensioni che appariva altrimenti inevitabile.

L'invito di Pardo giunse in un momento in cui molti riconoscevano la necessità di aggiornare la dottrina della libertà dei mari, per tenere conto dei cambiamenti tecnologici che avevano alterato il rapporto dell'uomo con gli oceani.

Si avviò così un processo che, nel corso di 15 anni, vide la creazione del Comitato delle Nazioni Unite per i Fondali Marini, la firma di un trattato che vietava le armi nucleari sui fondali marini, l'adozione della dichiarazione da parte dell'Assemblea Generale che tutte le risorse dei fondali marini al di là dei limiti della giurisdizione nazionale sono patrimonio comune dell'umanità e infine la convocazione della Conferenza di Stoccolma sull'Ambiente Umano.

Quello che era iniziato come un esercizio per regolamentare i fondali marini si trasformò in uno sforzo diplomatico globale per regolamentare e scrivere regole per tutte le aree oceaniche, tutti gli utilizzi dei mari e tutte le loro risorse.

Si arrivò così alla convocazione della Terza Conferenza delle Nazioni Unite sul Diritto del Mare, il cui scopo era scrivere un trattato comprensivo per gli oceani.

La Conferenza fu convocata a New York nel 1973. Si concluse nove anni dopo con l'adozione nel 1982 di una costituzione per i mari - la Convenzione delle Nazioni Unite sul Diritto del Mare. Durante quei nove anni, tra New York e Ginevra, rappresentanti di oltre 160 Stati sovrani si sedettero e discussero, scambiarono diritti e obblighi nazionali nel corso delle maratone negoziali che produssero il testo UNCLOS.

Inizia così un lungo e lento percorso che, il 19 giugno 2023, porta all'adozione dell'*Accordo sulla conservazione e l'uso sostenibile della biodiversità marina delle aree al di fuori della giurisdizione nazionale*, al momento in cui scriviamo (agosto 2024) sottoscritto da 91 Paesi e ratificato da 8.

L'Accordo è stato adottato a New York il 19 giugno 2023, durante la quinta sessione della Conferenza intergovernativa su uno *Strumento internazionale giuridicamente vincolante nell'ambito della Convenzione delle Nazioni Unite sul diritto del mare per la conservazione e l'uso sostenibile della diversità biologica marina nelle aree al di fuori della giurisdizione nazionale*.

Aperto alla firma a New York il 20 settembre 2023, rimarrà aperto alla firma fino al 20 settembre 2025.

L'Accordo, al quale è dedicato questo testo, si basa su cinque pilastri:

1. L'accesso e l'utilizzo delle Risorse Marine Genetiche (Marine Genetic Resources - MGR);
2. L'istituzione di strumenti di gestione area-specifici, incluso le Aree Marine Protette (Area Based Management Tools - ABMT);
3. Obblighi e procedure per le valutazioni d'impatto ambientale di attività umane nell'alto mare (Environmental Impact Assessment – EIA);
4. Lo sviluppo di competenze e il trasferimento di tecnologia marina (Capacity Building and Transfer of Marine Technology – CBTMT);
5. Questioni generali e trasversali, tra cui, ma non solo, l'organizzazione degli organi istituzionali quali la Conferenza delle Parti, il Segretariato e il Comitato Tecnico-Scientifico, e la definizione dei meccanismi di finanziamento.

Questo testo ha per scopo presentare la novità dell'approccio seguito dall'Accordo nel contesto UNCLOS, evidenziando il suo ruolo di pietra miliare nella creazione del *diritto della sostenibilità* per l'oceano.

La sostenibilità: etica o diritto?

Chi, come l'autore, ha completato gli studi giuridici fra gli anni '80 e '90, ha ricevuto una impostazione generale caratterizzata da ripartizioni del diritto oggi profondamente trasformate.

Semplificando molto, c'era il diritto privato, nel cui ambito trovano posto il diritto civile e quello commerciale, e il diritto pubblico, riguardante il funzionamento dello Stato e dei suoi apparati, con una serie di approfondimenti verticali (diritto costituzionale, diritto amministrativo, diritto penale, diritto processuale, diritto ecclesiastico, diritto del lavoro, ecc.). Nell'ambito del diritto pubblico c'erano poi alcune aree un po' residuali nel normale corso di studi, come il diritto internazionale e quello che allora si chiamava diritto delle "Comunità Europee".

Oggi il diritto dell'Unione Europea ha un'importanza preminente negli studi giuridici, considerando le materie e gli ambiti nei quali la produzione normativa di Bruxelles e Strasburgo ha un ruolo sovraordinato rispetto alle legislazioni nazionali. Poi c'è qualcosa di completamente nuovo.

Quarant'anni fa si parlava già moltissimo di ambiente, in Italia soprattutto dopo il Disastro di Seveso (1976) e il complesso di norme, fra cui l'omonima Direttiva, destinate alla gestione dei grandi rischi industriali.

Accanto al tema "ambiente", il dibattito pubblico affrontava sempre più spesso in quegli anni il tema dell'ecologia, che aveva due aspetti principali: quello scientifico e quello etico, soprattutto come richiamo ad una maggiore attenzione e rispetto verso la natura.

Sul piano giuridico, la logica era essenzialmente quella del controllo e della sanzione, con norme sempre più stratificate e organiche fino all'entrata in vigore del Codice dell'Ambiente (2006).

Nel 2008, dopo un primo periodo di applicazione del Codice, arriva una importante riforma. Vengono introdotti due nuovi articoli, 3-ter e 3-quater[2], che enunciano principi fondamentali caratterizzati da uno "spirito" nuovo della norma.

Li riportiamo integralmente:

ART. 3-ter (Principio dell'azione ambientale)
1.   La tutela dell'ambiente e degli ecosistemi naturali e del patrimonio culturale deve essere garantita da tutti gli enti pubblici e privati e dalle persone fisiche e giuridiche pubbliche o private, mediante una adeguata azione che sia informata ai principi della precauzione, dell'azione preventiva, della correzione, in via prioritaria alla fonte, dei danni causati all'ambiente, nonché al principio "chi inquina paga" che, ai sensi dell'articolo 174, comma 2, del Trattato delle unioni europee, regolano la politica della comunità in materia ambientale.

ART. 3-quater (Principio dello sviluppo sostenibile)
1.   Ogni attività umana giuridicamente rilevante ai sensi del presente codice deve conformarsi al principio dello sviluppo sostenibile, al fine di garantire che il soddisfacimento dei bisogni delle generazioni attuali non possa compromettere la qualità della vita e le possibilità delle generazioni future.
2.   Anche l'attività della pubblica amministrazione deve essere finalizzata a consentire la migliore attuazione possibile

del principio dello sviluppo sostenibile, per cui nell'ambito della scelta comparativa di interessi pubblici e privati connotata da discrezionalità gli interessi alla tutela dell'ambiente e del patrimonio culturale devono essere oggetto di prioritaria considerazione.

3. Data la complessità delle relazioni e delle interferenze tra natura e attività umane, il principio dello sviluppo sostenibile deve consentire di individuare un equilibrato rapporto, nell'ambito delle risorse ereditate, tra quelle da risparmiare e quelle da trasmettere, affinché nell'ambito delle dinamiche della produzione e del consumo si inserisca altresì il principio di solidarietà per salvaguardare e per migliorare la qualità dell'ambiente anche futuro.

4. La risoluzione delle questioni che involgono aspetti ambientali deve essere cercata e trovata nella prospettiva di garanzia dello sviluppo sostenibile, in modo da salvaguardare il corretto funzionamento e l'evoluzione degli ecosistemi naturali dalle modificazioni negative che possono essere prodotte dalle attività umane.

Non c'è più solo il ciclo precetto - controllo - sanzione, ma nella norma entra con potenza una visione che vede l'ambiente come una risorsa da gestire nella prospettiva della sostenibilità[3], parola che negli anni seguenti avrebbe ottenuto spazio sempre maggiore nel dibattito pubblico.

Poi, nel 2022, anche gli articoli 9 e 41 della Costituzione della Repubblica Italiana sono stati modificati introducendo il principio della sostenibilità nel cuore del nostro ordinamento giuridico.

Ecco il testo aggiornato:

Art. 9[4]

La Repubblica promuove lo sviluppo della cultura e la ricerca scientifica e tecnica.

Tutela il paesaggio e il patrimonio storico e artistico della Nazione.

Tutela l'ambiente, la biodiversità e gli ecosistemi, anche nell'interesse delle future generazioni. La legge dello Stato disciplina i modi e le forme di tutela degli animali.

Art. 41[5]

L'iniziativa economica privata è libera.

Non può svolgersi in contrasto con la utilità sociale o in modo da recare danno alla salute, all'ambiente, alla sicurezza, alla libertà, alla dignità umana.

La legge determina i programmi e i controlli opportuni perché l'attività economica pubblica e privata possa essere indirizzata e coordinata a fini sociali e ambientali.

Il diritto internazionale degli ultimi anni ha fatto infine emergere un ulteriore aspetto, di grande impatto trasformativo per l'approccio ai temi della sostenibilità.

Le più importanti risorse dalle quali dipende la stessa continuità della vita, tra le quali compare con un ruolo centrale l'oceano, vengono considerate non più come semplice *oggetto* di obblighi giuridici, ma piuttosto come l'elemento di natura originaria, costitutiva e fondativa di una responsabilità giuridica che vede l'oceano portatore di un diritto ad essere custodito, curato, gestito, conosciuto, non in vista anzitutto del suo utilizzo, ma del *bene in sé* che rappresenta e del suo valore.

Un bene anche culturale che non riguarda solo il presente, ma deve essere conservato intatto o ripristinato per le prossime generazioni.

Leggere queste norme produce in chi si è formato in un'altra epoca del diritto un gradito senso di sorpresa, come quando, nell'*Accordo sulla conservazione e l'uso sostenibile della biodiversità marina delle aree al di fuori della giurisdizione nazionale* si fa riferimento al nostro ruolo di *steward* nei confronti dell'oceano.

Non è proprietà, non è regolamento di confini, non è soluzione di controversie. È spirito di servizio verso la nostra casa comune, che chiede di diventare parte del diritto internazionale.

Da qui l'idea del titolo di questo testo, che cerca di mettere a fuoco non i nostri *obblighi* verso l'oceano, ma i *diritti* che l'oceano, attraverso lo strumento dei trattati, ci chiede oggi di comprendere e rispettare.

Esaminiamo quindi la struttura e il contenuto di questi diritti.

Anzitutto, percorriamo i contenuti della convenzione UNCLOS più rilevanti ai fini della gestione sostenibile dell'oceano.

Poi riporteremo la traduzione italiana integrale dell'Accordo, che costituisce lo sviluppo pratico e l'attuazione della convenzione UNCLOS per una gestione sostenibile dell'Alto Mare.

I contenuti della Convenzione UNCLOS

La struttura della Convenzione è la seguente (contenuti principali rilevanti in materia di sostenibilità):

Preambolo

La Convenzione esprime l'intento di regolamentare, con mutua comprensione e cooperazione, i problemi relativi al diritto del mare, riconoscendo l'importanza di un ordine giuridico per i mari e gli oceani che faciliti le comunicazioni internazionali, favorisca l'uso pacifico dei mari, l'utilizzazione equa delle risorse e la conservazione dell'ambiente marino.

Parte I: Introduzione

Articolo 1: Definizioni dei termini usati nella Convenzione, come "Area", "Autorità", "inquinamento dell'ambiente marino", ecc.

Parte II: Mare Territoriale e Zona Contigua

Articoli 2-4: Definiscono il regime giuridico del mare territoriale, stabilendo che la sovranità dello Stato costiero si estende a una fascia di mare adiacente al territorio nazionale, fino a un massimo di 12 miglia marine.

Articoli 5-15: Regolano le modalità di delimitazione del mare territoriale, inclusi i criteri per la misurazione delle linee di base, le baie, le foci dei fiumi e altre caratteristiche geografiche.

Articoli 17-32: Trattano il diritto di passaggio inoffensivo delle navi attraverso il mare territoriale, comprese le condizioni e le restrizioni applicabili alle navi straniere e alle navi da guerra.

Parte III: Stretti usati per la Navigazione Internazionale

Articoli 34-45: Stabiliscono il regime giuridico degli stretti usati per la navigazione internazionale, garantendo il diritto di passaggio in transito e definendo le responsabilità degli Stati rivieraschi.

Parte IV: Stati-Arcipelago

Articoli 46-54: Definiscono il concetto di Stato-arcipelago e stabiliscono le regole per la determinazione delle linee di base arcipelagiche e il regime giuridico delle acque arcipelagiche.

Parte V: Zona Economica Esclusiva (ZEE)

Articoli 55-75: Descrivono i diritti e le responsabilità degli Stati costieri nella ZEE, un'area che si estende fino a 200 miglia marine dalle linee di base. Gli Stati costieri hanno diritti sovrani per l'esplorazione e lo sfruttamento delle risorse naturali e sono responsabili della conservazione dell'ambiente marino.

Parte VI: Piattaforma Continentale

Articoli 76-85: Regolano i diritti degli Stati costieri sulla piattaforma continentale, l'area sottomarina che si estende oltre il mare territoriale, inclusi i diritti di sfruttamento delle risorse minerarie e biologiche.

Parte VII: Alto Mare

Articoli 86-120: Trattano il regime dell'alto mare, che è aperto a tutti gli Stati per scopi di navigazione, pesca, ricerca scientifica, e altre attività lecite.

Parte XI: Area Internazionale dei Fondi Marini

Articoli 133-191: Regolano lo sfruttamento delle risorse minerarie dell'Area, il fondo marino oltre i limiti della giurisdizione nazionale, considerata patrimonio comune dell'umanità.

Parte XII: Protezione e Preservazione dell'Ambiente Marino

Articoli 192-237: Riguardano l'obbligo degli Stati di proteggere e preservare l'ambiente marino, ridurre e gestire l'inquinamento dei mari, cooperare per la migliore gestione delle risorse marine.

Parte XIII: Ricerca Scientifica Marina

Articoli 238-265: Prevedono norme per la ricerca scientifica marina, la condivisione di informazioni e il regime giuridico delle installazioni e attrezzature destinate a attività di ricerca.

Parte XIV: Sviluppo e Trasferimento di Tecnologia Marina

Articoli 266-278: Disciplinano gli interventi a sostegno della diffusione di tecnologia marina per la gestione delle risorse, inclusa la facilitazione dell'accesso da parte dei Paesi in via di sviluppo.

Parte XV: Soluzione delle Controversie

Articoli 279-299: Contengono norme per la determinazione del diritto applicabile e le procedure per la gestione e la soluzione dei conflitti legali.

Allegato I: Accordo sull'Attuazione della Parte XI

Stabilisce le modalità di implementazione della Parte XI, includendo disposizioni su gestione, sfruttamento e condivisione dei benefici derivanti dalle risorse minerarie dell'Area.

La UNCLOS è quindi cruciale per vari motivi:

Codifica del Diritto del Mare: Fornisce una codificazione completa e aggiornata delle norme che regolano l'uso degli oceani, consolidando pratiche consuetudinarie e stabilendo nuovi standard legali.

Risoluzione delle Dispute: Stabilisce meccanismi di risoluzione delle dispute marittime, tra cui tribunali e arbitrati internazionali, contribuendo alla stabilità e alla pace internazionale.

Gestione delle Risorse Marine: Promuove l'uso sostenibile delle risorse marine, bilanciando gli interessi degli Stati costieri e di quelli senza sbocco sul mare, e incentivando la conservazione dell'ambiente marino.

Sviluppo Economico: Supporta lo sviluppo economico equo e giusto, considerando le esigenze specifiche dei paesi in via di sviluppo, sia costieri che senza sbocco sul mare.

Protezione dell'Ambiente: Stabilisce norme per la protezione e la preservazione dell'ambiente marino, affrontando problematiche come l'inquinamento, la conservazione delle risorse biologiche e la gestione dei rifiuti marini.

Sicurezza della Navigazione: Regola il passaggio inoffensivo attraverso il mare territoriale e il passaggio in transito negli stretti, garantendo la sicurezza della navigazione e prevenendo incidenti e conflitti marittimi.

La UNCLOS rappresenta quindi il quadro giuridico per la gestione globale degli oceani e per la promozione della cooperazione internazionale, e ha lo scopo di contribuire alla pace, alla sicurezza e allo sviluppo sostenibile su scala mondiale.

La Convenzione è inoltre fondamentale per la sostenibilità marina e la gestione delle risorse oceaniche, e a questo proposito affronta i temi seguenti:

1. Conservazione delle Risorse Biologiche

Articolo 61: Conservazione delle risorse biologiche

La Convenzione richiede agli Stati costieri di determinare la quantità massima di risorse biologiche che può essere catturata nella loro zona economica esclusiva (ZEE) senza mettere in pericolo la sostenibilità di tali risorse.

Viene incoraggiata l'adozione di misure basate su informazioni scientifiche per mantenere o ripristinare le specie sfruttate a livelli sostenibili, considerando l'interdipendenza degli ecosistemi marini.

2. Protezione dell'Ambiente Marino

Articolo 192: Obbligo generale di proteggere e preservare l'ambiente marino

Gli Stati hanno l'obbligo di proteggere e preservare l'ambiente marino, prevenendo e controllando l'inquinamento e altri danni causati dalle attività umane.

Articolo 194: Misure per prevenire, ridurre e controllare l'inquinamento dell'ambiente marino

Gli Stati devono adottare misure efficaci per prevenire, ridurre e controllare l'inquinamento marino da varie fonti, tra cui navi, attività costiere, installazioni offshore e fonti terrestri.

Le misure devono anche riguardare la protezione degli ecosistemi marini e degli habitat critici, come le barriere coralline e le mangrovie.

3. Sfruttamento Sostenibile delle Risorse Naturali

Articolo 56: Diritti, giurisdizione e obblighi dello Stato costiero nella ZEE

Gli Stati costieri hanno diritti sovrani per l'esplorazione e lo sfruttamento delle risorse naturali nella loro ZEE (Zona Economica Esclusiva), ma devono farlo in modo sostenibile, assicurando che tali attività non compromettano la conservazione e la gestione delle risorse marine.

4. Ricerca Scientifica Marina

Articolo 240: Principi generali per la ricerca scientifica marina

La ricerca scientifica marina deve essere condotta per scopi pacifici e a beneficio di tutta l'umanità, promuovendo la condivisione delle conoscenze e dei dati scientifici.

La ricerca scientifica è essenziale per comprendere meglio gli ecosistemi marini e sviluppare strategie per la loro gestione sostenibile.

5. Gestione delle Zone Costiere

Articolo 123: Cooperazione tra Stati limitrofi

Gli Stati che condividono una regione marittima devono cooperare nella gestione delle risorse marine e nella protezione dell'ambiente marino, promuovendo uno sviluppo sostenibile integrato delle zone costiere.

6. Zone di Protezione e Conservazione

Articolo 194: Creazione di aree protette

La Convenzione incoraggia la creazione di aree marine protette (AMP) per preservare la biodiversità marina e mantenere gli ecosistemi marini in condizioni di salute, fondamentali per la resilienza degli oceani e delle risorse ittiche.

7. Interesse Globale e Equità

Preambolo e Articolo 136: Patrimonio comune dell'umanità

La UNCLOS riconosce che le risorse della zona internazionale dei fondi marini (oltre la giurisdizione nazionale) sono patrimonio comune dell'umanità e devono essere gestite a beneficio di tutti i paesi, compresi quelli in via di sviluppo. Promuove un approccio equo e giusto alla distribuzione dei benefici derivanti dall'uso delle risorse marine.

Sintesi

La Convenzione fornisce un quadro legale globale per la gestione sostenibile degli oceani e delle risorse marine, promuovendo la cooperazione internazionale e stabilendo norme per la conservazione, la protezione dell'ambiente e lo sfruttamento responsabile delle risorse marine. Si tratta di disposizioni cruciali per garantire che le generazioni future possano continuare a beneficiare degli oceani in modo sostenibile, mantenendo la biodiversità e la salute degli ecosistemi marini.

Dalla UNCLOS all'Accordo sull'Alto Mare

Prosguiamo ora il nostro approfonimento proponendo il testo integrale dell'Accordo sull'Alto Mare, che decscrive nelle sue pagine l'impegno globale e gli strumenti di natura organizzativa, tecnica e finanziaria per la gestione sostenibile dell'oceano.

La traduzione italiana è stata effettuata a partire dalla versione inglese del testo ufficiale.

Testo dell'Accordo

ACCORDO AI SENSI DELLA CONVENZIONE DELLE NAZIONI UNITE SUL DIRITTO DEL MARE SULLA CONSERVAZIONE E L'USO SOSTENIBILE DELLA DIVERSITÀ BIOLOGICA MARINA DELLE AREE AL DI FUORI DELLA GIURISDIZIONE NAZIONALE

"Il presente Accordo sarà aperto alla firma di tutti gli Stati e delle organizzazioni regionali di integrazione economica a partire dal 20 settembre 2023 e resterà aperto alla firma presso la sede delle Nazioni Unite a New York fino al 20 settembre 2025." (Art. 65).

Preambolo

Le Parti del presente Accordo,

Ricordando le disposizioni pertinenti della Convenzione delle Nazioni Unite sul diritto del mare del 10 dicembre 1982, compreso l'obbligo di proteggere e preservare l'ambiente marino,

Sottolineando la necessità di rispettare l'equilibrio dei diritti, degli obblighi e degli interessi stabiliti nella Convenzione,

Riconoscendo la necessità di affrontare, in modo coerente e cooperativo, la perdita di diversità biologica e il degrado degli ecosistemi oceanici, dovuti, in particolare, agli impatti dei cambiamenti climatici sugli ecosistemi marini, come il riscaldamento e la deossigenazione degli oceani, nonché l'acidificazione degli oceani, l'inquinamento, compreso quello da plastica, e l'uso non sostenibile,

Consapevoli della necessità che il regime globale comprensivo previsto dalla Convenzione affronti meglio la conservazione e l'uso sostenibile della diversità biologica marina nelle aree al di fuori della giurisdizione nazionale,

Riconoscendo l'importanza di contribuire alla realizzazione di un ordine economico internazionale giusto ed equo che tenga conto degli interessi e dei bisogni dell'umanità nel suo complesso e, in particolare, degli interessi e dei bisogni specifici degli Stati in via di sviluppo, sia costieri che senza sbocco sul mare,

Riconoscendo inoltre che il sostegno agli Stati Parte in via di sviluppo attraverso il rafforzamento delle capacità e lo sviluppo e il trasferimento di tecnologia marina sono elementi essenziali per il raggiungimento degli obiettivi di conservazione e uso sostenibile della diversità biologica marina delle aree al di fuori della giurisdizione nazionale,

Ricordando la Dichiarazione delle Nazioni Unite sui diritti dei popoli indigeni,

Affermando che nessuna disposizione del presente Accordo potrà essere interpretata come una diminuzione o un'estinzione dei diritti esistenti dei Popoli indigeni, compresi quelli stabiliti nella Dichiarazione delle Nazioni Unite sui diritti dei Popoli indigeni, o, se del caso, delle comunità locali,

Riconoscendo l'obbligo stabilito dalla Convenzione di valutare, per quanto possibile, i potenziali effetti sull'ambiente marino delle attività sotto la giurisdizione o il controllo di uno Stato, quando quest'ultimo ha ragionevoli motivi per ritenere che tali attività possano causare un inquinamento sostanziale o cambiamenti significativi e dannosi all'ambiente marino,

Consapevoli dell'obbligo stabilito dalla Convenzione di adottare tutte le misure necessarie per garantire che l'inquinamento derivante da incidenti o attività non si diffonda al di fuori delle aree in cui i diritti sovrani sono esercitati in conformità con la Convenzione,

Desiderando agire come amministratori[6] dell'oceano nelle aree al di fuori della giurisdizione nazionale per conto delle generazioni presenti e future, proteggendo, curando e garantendo un uso responsabile dell'ambiente marino, mantenendo l'integrità degli ecosistemi oceanici e conservando il valore intrinseco della diversità biologica delle aree al di fuori della giurisdizione nazionale,

Riconoscendo che la generazione, l'accesso e l'utilizzo di informazioni sulla sequenza digitale delle risorse genetiche marine di aree al di fuori della giurisdizione nazionale, insieme alla giusta ed equa condivisione dei benefici derivanti dal loro utilizzo, contribuiscono alla ricerca e all'innovazione e all'obiettivo generale del presente Accordo,

Rispettando la sovranità, l'integrità territoriale e l'indipendenza politica di tutti gli Stati,

Ricordando che lo status giuridico delle parti non contraenti della Convenzione o di qualsiasi altro accordo correlato è disciplinato dalle norme del diritto dei trattati,

Ricordando inoltre che, come stabilito nella Convenzione, gli Stati sono responsabili dell'adempimento dei loro obblighi internazionali relativi alla protezione e alla preservazione dell'ambiente marino e possono essere responsabili in conformità al diritto internazionale,

Impegnati a raggiungere uno sviluppo sostenibile,

Aspirando a raggiungere una partecipazione universale,

hanno convenuto quanto segue:

Parte I

DISPOSIZIONI GENERALI

Articolo 1

Uso dei termini

Ai fini del presente Accordo:

1. "Strumento di gestione basato sull'area": uno strumento, compresa un'area marina protetta, per un'area geograficamente definita attraverso la quale uno o più settori o attività sono gestiti allo scopo di raggiungere particolari obiettivi di conservazione e uso sostenibile in conformità con il presente Accordo.

2. Per "aree al di fuori della giurisdizione nazionale" si intendono l'alto mare e l'Area.

3. "Biotecnologia" indica qualsiasi applicazione tecnologica che utilizza sistemi biologici, organismi viventi o loro derivati, per realizzare o modificare prodotti o processi per un uso specifico.

4. Per "raccolta in situ", in relazione alle risorse genetiche marine, si intende la raccolta o il campionamento di risorse genetiche marine in aree al di fuori della giurisdizione nazionale.

5. "Convenzione" indica la Convenzione delle Nazioni Unite sul diritto del mare del 10 dicembre 1982.

6. "Impatti cumulativi": gli impatti combinati e incrementali derivanti da diverse attività, comprese le attività note passate e presenti e ragionevolmente prevedibili, o dalla ripetizione di attività simili nel tempo, e le conseguenze dei cambiamenti climatici, dell'acidificazione degli oceani e degli impatti correlati.

7. Per "valutazione dell'impatto ambientale" si intende un

processo per identificare e valutare gli impatti potenziali di un'attività per informare il processo decisionale.

8. "Risorse genetiche marine": qualsiasi materiale di origine marina vegetale, animale, microbica o di altro tipo contenente unità funzionali di ereditarietà di valore effettivo o potenziale.

9. Per "area marina protetta" si intende un'area marina geograficamente definita che è designata e gestita per raggiungere specifici obiettivi di conservazione della diversità biologica a lungo termine e che può consentire, se del caso, un uso sostenibile a condizione che sia coerente con gli obiettivi di conservazione.

10. "Tecnologia marina" comprende, tra l'altro, informazioni e dati, forniti in un formato di facile utilizzo, sulle scienze marine e sulle operazioni e i servizi marini correlati; manuali, linee guida, criteri, standard e materiali di riferimento; attrezzature per il campionamento e la metodologia; strutture e attrezzature di osservazione per osservazioni in situ e in laboratorio, analisi e sperimentazione; computer e software informatici, compresi modelli e tecniche di modellazione; biotecnologie correlate; e competenze, conoscenze, abilità, know-how tecnico, scientifico e giuridico e metodi analitici relativi alla conservazione e all'uso sostenibile della diversità biologica marina.

11. "Parte" indica uno Stato o un'organizzazione di integrazione economica regionale che ha acconsentito ad essere vincolato dal presente Accordo e per il quale il presente Accordo è in vigore.

12. Per "organizzazione regionale di integrazione economica" si intende un'organizzazione costituita da Stati sovrani di una determinata regione, alla quale gli Stati membri hanno trasferito la competenza in merito alle questioni disciplinate dal presente Accordo e che è stata debitamente autorizzata, in conformità alle proprie procedure interne, a firmare, ratificare, approvare, accettare o aderire al presente Accordo.

13. Per "uso sostenibile" si intende l'uso di componenti della diversità biologica in un modo e a un ritmo che non porti a un declino a lungo termine della diversità biologica, in questo

modo mantenendo il suo potenziale per soddisfare i bisogni e le aspirazioni delle generazioni presenti e future.

14. Per "utilizzo delle risorse genetiche marine" si intende la conduzione di attività di ricerca e sviluppo sulla composizione genetica e/o biochimica delle risorse genetiche marine, anche attraverso l'applicazione delle biotecnologie, come definito al paragrafo 3 di cui sopra.

Articolo 2

Obiettivo generale

L'obiettivo del presente Accordo è quello di garantire la conservazione e l'uso sostenibile della diversità biologica marina delle aree al di fuori della giurisdizione nazionale, per il presente e a lungo termine, attraverso l'effettiva attuazione delle disposizioni pertinenti della Convenzione e l'ulteriore cooperazione e coordinamento internazionale.

Articolo 3

Ambito di applicazione

Il presente Accordo si applica alle aree al di fuori della giurisdizione nazionale.

Articolo 4

Eccezioni

Il presente Accordo non si applica alle navi da guerra, agli aeromobili militari o alle navi ausiliarie. Fatta eccezione per la Parte II, il presente Accordo non si applica ad altre navi o aeromobili posseduti o gestiti da una Parte e utilizzati, nel momento presente, solo per servizi governativi non commerciali. Tuttavia, ciascuna Parte garantisce, mediante l'adozione di misure appropriate che non pregiudichino le operazioni o le capacità operative di tali navi o aeromobili da essa posseduti o gestiti, che tali navi o aeromobili agiscano in modo conforme, per quanto ragionevole e praticabile, al presente Accordo.

Articolo 5

Rapporto tra il presente Accordo e la Convenzione e gli strumenti e quadri giuridici pertinenti e gli organismi mondiali, regionali, subregionali e settoriali pertinenti

1. Il presente Accordo è interpretato e applicato nel contesto e in modo coerente con la Convenzione. Nessuna disposizione del presente Accordo pregiudica i diritti, la giurisdizione e i doveri degli Stati ai sensi della Convenzione, anche per quanto riguarda la zona economica esclusiva e la piattaforma continentale entro e oltre le 200 miglia nautiche.

2. Il presente Accordo sarà interpretato e applicato in modo tale da non pregiudicare gli strumenti e i quadri giuridici pertinenti e le pertinenti norme globali, regionali, subregionali e settoriali e che promuovano la coerenza e il coordinamento con tali strumenti, quadri e organismi.

3. Il presente Accordo non pregiudica lo status giuridico di coloro che non sono parti della Convenzione o di qualsiasi altro accordo correlato in relazione a tali strumenti.

Articolo 6

Senza pregiudizio

Il presente Accordo, comprese le decisioni o le raccomandazioni della Conferenza delle Parti o di uno dei suoi organi sussidiari, e tutti gli atti, le misure o le attività intraprese sulla base di esso, non pregiudicano e non possono essere invocati come base per affermare o negare qualsiasi rivendicazione di sovranità, diritti sovrani o giurisdizione, anche per quanto riguarda eventuali controversie ad essi relative.

Articolo 7

Principi e approcci generali

Per conseguire gli obiettivi del presente Accordo, le Parti si ispirano ai seguenti principi e approcci:

(a) Il principio "chi inquina paga";

(b) Il principio del patrimonio comune dell'umanità, sancito dalla Convenzione;

(c) La libertà di ricerca scientifica marina, insieme alle altre libertà dell'alto mare;

(d) Il principio di equità e la giusta ed equa ripartizione dei benefici;

(e) Il principio di precauzione o l'approccio precauzionale, a seconda dei casi;

(f) Un approccio ecosistemico;

(g) Un approccio integrato alla gestione degli oceani;

(h) Un approccio che crei la resilienza degli ecosistemi, anche agli effetti negativi dei cambiamenti climatici e dell'acidificazione degli oceani, e che mantenga e ripristini l'integrità degli ecosistemi, compresi i servizi di ciclo del carbonio che sono alla base del ruolo degli oceani nel clima;

(i) L'utilizzo delle migliori informazioni scientifiche disponibili;

(j) L'utilizzo delle conoscenze tradizionali delle popolazioni indigene e delle comunità locali, ove disponibili.

comunità locali, ove disponibili;

(k) Il rispetto, la promozione e la considerazione dei rispettivi obblighi, a seconda dei casi, relativi ai diritti delle popolazioni indigene o, se del caso, delle comunità locali quando si intraprendono azioni per la conservazione e l'uso sostenibile della diversità biologica marina nelle aree al di fuori della giurisdizione nazionale;

(l) Il non trasferimento, diretto o indiretto, di danni o pericoli da un'area all'altra e la non trasformazione di un tipo di inquinamento in un altro nell'adozione di misure per prevenire, ridurre e controllare l'inquinamento dell'ambiente marino;

(m) Il pieno riconoscimento delle circostanze particolari dei piccoli Stati insulari in via di sviluppo e dei Paesi meno sviluppati;

(n) il riconoscimento degli interessi e delle esigenze particolari dei Paesi in via di sviluppo senza sbocco sul mare.

Articolo 8

Cooperazione internazionale

1. Le Parti cooperano nell'ambito del presente Accordo per la conservazione e l'uso sostenibile della diversità biologica marina delle aree al di fuori della giurisdizione nazionale, anche rafforzando e migliorando la cooperazione con e promuovendo la cooperazione tra gli strumenti e i quadri giuridici pertinenti e gli organismi globali, regionali, subregionali e settoriali competenti per il raggiungimento degli obiettivi del presente Accordo.

2. Le Parti si impegnano a promuovere, se del caso, gli obiettivi del presente Accordo quando partecipano al processo decisionale nell'ambito di altri strumenti giuridici e quadri pertinenti o di organismi globali, regionali, subregionali o settoriali.

3. Le Parti promuovono la cooperazione internazionale nella ricerca scientifica marina e nello sviluppo e trasferimento di tecnologie marine coerenti con la Convenzione a sostegno degli obiettivi del presente Accordo.

Parte II

RISORSE GENETICHE MARINE, COMPRESA LA GIUSTA ED EQUA RIPARTIZIONE DEI BENEFICI

Articolo 9

Obiettivi

Gli obiettivi di questa parte sono:

(a) La giusta ed equa ripartizione dei benefici derivanti dalle attività relative alle risorse genetiche marine e alle informazioni sulla sequenza digitale delle risorse genetiche marine di aree al di fuori della giurisdizione nazionale per la conservazione e l'uso sostenibile della diversità biologica marina di aree al di fuori della giurisdizione nazionale;

(b) La creazione e lo sviluppo della capacità delle parti, in particolare degli Stati Parte in via di sviluppo, in particolare dei Paesi meno sviluppati, dei Paesi in via di sviluppo senza sbocco sul mare, degli Stati geograficamente svantaggiati, dei piccoli Stati insulari in via di sviluppo, degli Stati africani costieri, degli Stati arcipelaghi e dei Paesi in via di sviluppo a reddito medio, di svolgere attività relative alle risorse genetiche marine e alle informazioni sulla sequenza digitale delle risorse genetiche marine delle aree al di fuori della giurisdizione nazionale;

(c) La generazione di conoscenze, comprensione scientifica e innovazione tecnologica, anche attraverso lo sviluppo e la conduzione della ricerca scientifica marina, come contributo fondamentale all'attuazione del presente Accordo;

(d) Lo sviluppo e il trasferimento di tecnologia marina in conformità al presente Accordo.

Articolo 10

Applicazione

1. Le disposizioni del presente accordo si applicano alle attività relative alle risorse genetiche marine e alle informazioni sulla sequenza digitale delle risorse genetiche marine di aree al di fuori della giurisdizione nazionale, raccolte e generate dopo l'entrata in vigore del presente accordo per la rispettiva Parte. L'applicazione delle disposizioni del presente Accordo si estende all'utilizzo delle risorse genetiche marine e delle informazioni sulla sequenza digitale delle risorse genetiche marine di aree al di fuori della giurisdizione nazionale raccolte o generate prima dell'entrata in vigore, a meno che una Parte non faccia un'eccezione per iscritto ai sensi dell'articolo 70 al momento della firma, ratifica, approvazione, accettazione o adesione al presente Accordo.

2. Le disposizioni della presente Parte non si applicano a:

(a) alla pesca regolamentata dal diritto internazionale pertinente e alle attività connesse alla pesca; o

(b) ai pesci o alle altre risorse marine viventi di cui si sa che sono stati prelevati nel corso della pesca e delle attività connesse da aree al di fuori della giurisdizione nazionale, tranne nel caso in cui tali pesci o altre risorse marine viventi siano regolamentati come utilizzo ai sensi della presente Parte.

3. Gli obblighi di cui alla presente parte non si applicano alle attività militari di una Parte, comprese le attività militari delle navi e degli aeromobili governativi impegnati in servizi non commerciali. Gli obblighi previsti dalla presente parte in materia di utilizzazione delle risorse genetiche marine e delle informazioni sulla sequenza digitale delle risorse genetiche marine di aree al di fuori della giurisdizione nazionale si applicano alle attività non militari di una Parte.

Articolo 11

Attività relative alle risorse genetiche marine di aree al di fuori della giurisdizione nazionale

1. Le attività riguardanti le risorse genetiche marine e le informazioni sulla sequenza digitale delle risorse genetiche marine di zone non soggette a giurisdizione nazionale possono essere svolte da tutte le Parti, indipendentemente dalla loro ubicazione geografica, e da persone fisiche o giuridiche soggette alla giurisdizione delle Parti. Tali attività devono essere svolte in conformità al presente Accordo.

2. Le Parti promuovono la cooperazione in tutte le attività riguardanti le risorse genetiche marine e le informazioni sulla sequenza digitale delle risorse genetiche marine delle aree al di fuori della giurisdizione nazionale.

3. La raccolta in situ di risorse genetiche marine di aree al di fuori della giurisdizione nazionale deve essere effettuata nel rispetto dei diritti e degli interessi legittimi degli Stati costieri nelle aree soggette a giurisdizione nazionale e nel rispetto degli interessi degli altri Stati nelle aree al di fuori della giurisdizione nazionale, in conformità alla Convenzione. A tal fine, le Parti si impegnano a cooperare, come appropriato, anche attraverso modalità specifiche per il funzionamento del Meccanismo di compensazione determinato ai sensi dell'articolo 51, al fine di attuare il presente Accordo.

4. Nessuno Stato può rivendicare o esercitare la sovranità o i diritti sovrani sulle risorse genetiche marine di aree al di fuori della giurisdizione nazionale. Tali rivendicazioni o esercizi di sovranità o diritti sovrani non saranno riconosciuti.

5. La raccolta in situ di risorse genetiche marine di aree al di fuori della giurisdizione nazionale non costituisce la base giuridica per alcuna rivendicazione su qualsiasi parte dell'ambiente marino o delle sue risorse.

6. Le attività relative alle risorse genetiche marine e alle informazioni sulla sequenza digitale delle risorse genetiche marine di aree al di fuori della giurisdizione nazionale sono

nell'interesse di tutti gli Stati e a beneficio di tutta l'umanità, in particolare a beneficio del progresso delle conoscenze scientifiche dell'umanità e della promozione della conservazione e dell'uso sostenibile della diversità biologica marina, tenendo in particolare considerazione gli interessi e le esigenze degli Stati in via di sviluppo.

7. Le attività relative alle risorse genetiche marine e alle informazioni sulla sequenza digitale delle risorse genetiche marine di aree al di fuori della giurisdizione nazionale sono svolte esclusivamente per scopi pacifici.

Articolo 12

Notifica delle attività riguardanti le risorse genetiche marine e le informazioni sulla sequenza digitale delle risorse genetiche marine delle aree al di fuori della giurisdizione nazionale

1. Le Parti adottano le necessarie misure legislative, amministrative o politiche per garantire che le informazioni siano notificate al meccanismo di scambio di informazioni in conformità alla presente Parte.

2. Le seguenti informazioni sono notificate al meccanismo di scambio di informazioni sei mesi o il più presto possibile prima della raccolta in situ di risorse genetiche marine di aree al di fuori della giurisdizione nazionale:

(a) La natura e gli obiettivi in base ai quali viene effettuata la raccolta, compresi, se del caso, eventuali programmi di cui fa parte;

(b) L'oggetto della ricerca o, se noto, le risorse genetiche marine che saranno oggetto della raccolta e gli scopi per i quali tali risorse saranno raccolte;

(c) Le aree geografiche in cui si intende effettuare la raccolta;

(d) Una sintesi dei metodi e dei mezzi che saranno utilizzati per la raccolta, compresi il nome, la stazza, il tipo e la classe delle navi, le attrezzature scientifiche e/o i metodi di studio utilizzati;

(e) Informazioni su eventuali altri contributi ai grandi programmi proposti;

(f) la data prevista per la prima apparizione e la partenza finale delle navi da ricerca, o per l'impiego delle attrezzature e la loro rimozione, a seconda dei casi;

(g) Il nome dell'istituzione o delle istituzioni promotrici e la persona responsabile del progetto;

(h) Opportunità per gli scienziati di tutti gli Stati, in particolare per quelli dei Paesi in via di sviluppo, di essere coinvolti o associati al progetto;

(i) La misura in cui si ritiene che gli Stati che possono avere bisogno e richiedere assistenza tecnica, in particolare i Paesi in via di sviluppo, debbano essere in grado di partecipare o di essere rappresentati nel progetto;

(j) Un piano di gestione dei dati preparato secondo una governance dei dati aperta e responsabile, tenendo conto delle attuali pratiche internazionali.

3. A seguito della notifica di cui al precedente paragrafo 2, il Meccanismo di Clearing-House genera automaticamente un identificatore di lotto standardizzato "BBNJ".

4. In caso di modifica sostanziale delle informazioni fornite al meccanismo di Clearing-House prima della raccolta prevista, le informazioni aggiornate sono notificate al meccanismo di Clearing-House entro un periodo di tempo ragionevole e non oltre l'inizio della raccolta in situ, quando possibile.

5. Le Parti garantiscono che le seguenti informazioni, insieme all'identificatore standardizzato della partita "BBNJ", siano notificate al meccanismo di scambio di informazioni non appena disponibili, ma non oltre un anno dalla raccolta in situ di risorse genetiche marine di aree al di fuori della giurisdizione nazionale:

(a) Il deposito o la banca dati in cui sono o saranno depositate le informazioni sulla sequenza digitale delle risorse genetiche marine;

(b) dove sono o saranno depositate tutte le risorse genetiche marine raccolte in situ;

(c) una relazione che descriva dettagliatamente l'area geografica da cui sono state raccolte le risorse genetiche marine, comprese le informazioni sulla latitudine, la longitudine e la profondità della raccolta e, nella misura in cui sono disponibili, i risultati dell'attività svolta;

(d) qualsiasi aggiornamento necessario al piano di gestione dei dati fornito ai sensi del paragrafo (2) (j).

6. Le Parti garantiscono che i campioni di risorse genetiche marine e le informazioni sulla sequenza digitale delle risorse genetiche marine di aree al di fuori della giurisdizione nazionale che si trovano in depositi o banche dati sotto la loro giurisdizione possano essere identificati come provenienti da aree al di fuori della giurisdizione nazionale, in conformità con le pratiche internazionali correnti e nella misura in cui ciò sia possibile.

7. Le Parti assicurano che i depositi, per quanto possibile, e le banche dati sotto la loro giurisdizione preparino, su base biennale, un rapporto aggregato sull'accesso alle risorse genetiche marine e alle informazioni di sequenza digitale collegate al loro identificatore di partita standardizzato "BBNJ", e mettano il rapporto a disposizione del comitato per l'accesso e la ripartizione dei benefici istituito ai sensi dell'articolo 15.

8. Quando le risorse genetiche marine di aree al di fuori della giurisdizione nazionale e, ove possibile, le informazioni di sequenza digitale relative a tali risorse sono soggette all'utilizzo, compresa la commercializzazione, da parte di persone fisiche o giuridiche sotto la loro giurisdizione, le Parti provvedono a notificare al Meccanismo di scambio di informazioni le seguenti informazioni, compreso l'identificatore di partita standardizzato "BBNJ", se disponibile, non appena tali informazioni sono disponibili:

(a) Dove si possono trovare i risultati dell'utilizzo, come pubblicazioni, brevetti concessi, se disponibili e nella misura possibile, e prodotti sviluppati;

(b) Se disponibili, i dettagli della notifica successiva alla raccolta al Meccanismo di scambio di informazioni relativa alle risorse genetiche marine oggetto dell'utilizzazione;

(c) Dove è conservato il campione originale oggetto dell'utilizzo;

(d) Le modalità previste per l'accesso alle risorse genetiche marine e alle informazioni sulla sequenza digitale delle risorse genetiche marine oggetto di utilizzazione e un piano di gestione dei dati per le stesse;

(e) Una volta commercializzati, informazioni, se disponibili, sulle vendite dei prodotti in questione e su ogni ulteriore sviluppo.

Articolo 13

Conoscenze tradizionali delle popolazioni indigene e delle comunità locali associate alle risorse genetiche marine in aree al di fuori della giurisdizione nazionale

Le Parti adottano misure legislative, amministrative o politiche, se pertinenti e appropriate, al fine di garantire che le conoscenze tradizionali associate alle risorse genetiche marine nelle aree al di fuori della giurisdizione nazionale, detenute dai Popoli indigeni e dalle comunità locali, siano accessibili solo con il consenso o l'approvazione liberi, preventivi e informati e con il coinvolgimento di tali Popoli indigeni e comunità locali. L'accesso a tali conoscenze tradizionali può essere facilitato dal Meccanismo di Clearing-House. L'accesso e l'uso di tali conoscenze tradizionali avverrà a condizioni concordate reciprocamente.

Articolo 14

Condivisione giusta ed equa dei benefici

1. I benefici derivanti dalle attività relative alle risorse genetiche marine e alle informazioni sulla sequenza digitale delle risorse genetiche marine delle aree al di fuori della giurisdizione

nazionale sono ripartiti in modo giusto ed equo in conformità alla presente Parte e contribuiscono alla conservazione e all'uso sostenibile della diversità biologica marina delle aree al di fuori della giurisdizione nazionale.

2. I benefici non monetari sono condivisi in conformità al presente Accordo sotto forma, tra l'altro, di:

(a) Accesso ai campioni e alle raccolte di campioni in conformità alle pratiche internazionali correnti

(b) Accesso alle informazioni digitali sulle sequenze in conformità con la prassi internazionale corrente;

(c) Accesso aperto a dati scientifici reperibili, accessibili, interoperabili e riutilizzabili (FAIR) in conformità con le pratiche internazionali correnti e con una governance dei dati aperta e responsabile;

(d) Informazioni contenute nelle notifiche, insieme agli identificatori di lotto standardizzati "BBNJ", forniti in conformità all'articolo 12, in forme accessibili e ricercabili pubblicamente;

(e) Trasferimento di tecnologia marina in linea con le modalità pertinenti previste dalla Parte V del presente Accordo;

(f) Rafforzamento delle capacità, anche attraverso il finanziamento di programmi di ricerca, e opportunità di partenariato, in particolare quelle direttamente pertinenti e sostanziali, per scienziati e ricercatori in progetti di ricerca, nonché iniziative dedicate, in particolare per i Paesi in via di sviluppo, tenendo conto delle circostanze speciali dei piccoli Stati insulari in via di sviluppo e dei Paesi meno sviluppati;

(g) Una maggiore cooperazione tecnica e scientifica, in particolare con scienziati e istituzioni scientifiche dei Paesi in via di sviluppo;

(h) Altre forme di benefici come stabilito dalla Conferenza delle Parti, tenendo conto delle raccomandazioni del Comitato per l'accesso e la ripartizione dei benefici istituito ai sensi dell'articolo 15.

3. Le Parti adottano le misure legislative, amministrative o

politiche necessarie per garantire che le risorse genetiche marine e le informazioni sulla sequenza digitale delle risorse genetiche marine di aree al di fuori della giurisdizione nazionale, insieme ai loro identificatori di partita standardizzati "BBNJ", soggette all'utilizzo da parte di persone fisiche o giuridiche sotto la loro giurisdizione, siano conferite in depositi e banche dati accessibili al pubblico, mantenuti a livello nazionale o internazionale, entro tre anni dall'inizio di tale utilizzo, o non appena disponibili, tenendo conto della prassi internazionale corrente.

4. L'accesso alle risorse genetiche marine e alle informazioni digitali di sequenza sulle risorse genetiche marine di aree al di fuori della giurisdizione nazionale nei depositi e nelle banche dati sotto la giurisdizione di una Parte può essere soggetto a condizioni ragionevoli, come segue:

(a) Necessità di preservare l'integrità fisica delle risorse genetiche marine;

(b) I costi ragionevoli associati al mantenimento della banca genetica, del biorepository o della banca dati in questione,

b) I costi ragionevoli associati al mantenimento della banca genetica, del biorepository o della banca dati in cui sono conservati i campioni, i dati o le informazioni;

(c) i costi ragionevoli associati all'accesso alla risorsa genetica marina, ai dati o alle informazioni;

(d) Altre condizioni ragionevoli in linea con gli obiettivi del presente Accordo;

(e) Le opportunità di accesso a condizioni eque e più favorevoli, comprese le condizioni agevolate e preferenziali, possono essere fornite ai ricercatori e agli istituti di ricerca degli Stati in via di sviluppo.

5. I benefici monetari derivanti dall'utilizzo delle risorse genetiche marine e delle informazioni sulla sequenza digitale delle risorse genetiche marine delle aree al di fuori della giurisdizione nazionale, compresa la commercializzazione, sono ripartiti in

modo giusto ed equo, attraverso il meccanismo finanziario istituito ai sensi dell'articolo 52, per la conservazione e l'uso sostenibile della diversità biologica marina delle aree al di fuori della giurisdizione nazionale.

6. Dopo l'entrata in vigore del presente Accordo, le Parti sviluppate versano contributi annuali al fondo speciale di cui all'articolo 52. Il tasso di contribuzione di una Parte è pari al 50 per cento del contributo valutato di tale Parte al bilancio adottato dalla Conferenza delle Parti ai sensi dell'articolo 47, paragrafo 6 (e). Tale pagamento continuerà fino a quando la Conferenza delle Parti non adotterà una decisione ai sensi del successivo paragrafo 7.

7. La Conferenza delle Parti decide le modalità di ripartizione dei benefici monetari derivanti dall'utilizzo delle risorse genetiche marine e delle informazioni sulla sequenza digitale delle risorse genetiche marine delle aree al di fuori della giurisdizione nazionale, tenendo conto delle raccomandazioni del comitato per l'accesso e la ripartizione dei benefici istituito ai sensi dell'articolo 15. Se tutti gli sforzi per raggiungere un consenso sono stati esauriti, viene adottata una decisione a maggioranza di tre quarti delle Parti presenti e votanti. I pagamenti saranno effettuati attraverso il fondo speciale istituito ai sensi dell'articolo 52. Le modalità possono includere quanto segue:

(a) Pagamenti al raggiungimento di *Millestone*;

(b) Pagamenti o contributi relativi alla commercializzazione dei prodotti, compreso il pagamento di una percentuale dei ricavi delle vendite dei prodotti;

(c) Un compenso graduale, versato su base periodica, basato su una serie diversificata di indicatori che misurano il livello aggregato di attività di una Parte;

(d) Altre forme decise dalla Conferenza delle Parti, tenendo conto delle raccomandazioni del Comitato per l'accesso e la ripartizione dei benefici.

8. Al momento dell'adozione delle modalità da parte della Conferenza delle Parti, una Parte può rilasciare una dichiarazione

in cui afferma che tali modalità non entreranno in vigore per tale Parte per un periodo massimo di quattro anni, al fine di concedere il tempo necessario per la loro attuazione. Una Parte che fa tale dichiarazione continuerà ad effettuare il pagamento di cui al paragrafo 6 fino all'entrata in vigore delle nuove modalità.

9. Nel decidere le modalità di ripartizione dei benefici monetari derivanti dall'uso delle informazioni sulla sequenza digitale delle risorse genetiche marine di aree al di fuori della giurisdizione nazionale ai sensi del paragrafo 7, la Conferenza delle Parti tiene conto delle raccomandazioni del comitato per l'accesso e la ripartizione dei benefici, riconoscendo che tali modalità dovrebbero essere di supporto reciproco e adattabili ad altri strumenti di accesso e di condivisione dei benefici.

10. La Conferenza delle Parti, tenendo conto delle raccomandazioni del Comitato per l'accesso e la ripartizione dei benefici istituito ai sensi dell'articolo 15, esamina e valuta, su base biennale, i benefici monetari derivanti dall'utilizzo delle risorse genetiche marine e delle informazioni sulla sequenza digitale delle risorse genetiche marine delle aree al di fuori della giurisdizione nazionale. La prima revisione avrà luogo entro cinque anni dall'entrata in vigore del presente Accordo. Il riesame comprende l'esame dei contributi annuali di cui al precedente paragrafo 6.

11. Le Parti adottano le necessarie misure legislative, amministrative o politiche, a seconda dei casi, al fine di garantire che i benefici derivanti da attività relative alle risorse genetiche marine e alle informazioni sulla sequenza digitale delle risorse genetiche marine di aree al di fuori della giurisdizione nazionale da parte di persone fisiche o giuridiche soggette alla loro giurisdizione siano condivisi in conformità al presente Accordo.

Articolo 15

Comitato per l'accesso e la ripartizione dei benefici

1. È istituito un comitato per l'accesso e la ripartizione dei benefici.

Esso serve, tra l'altro, a stabilire le linee guida per la ripartizione dei benefici, in conformità all'articolo 14, a fornire trasparenza e a garantire una giusta ed equa ripartizione dei benefici monetari e non monetari.

2. La commissione per l'accesso e la ripartizione dei benefici è composta da 15 membri in possesso di qualifiche adeguate in settori correlati, in modo da garantire l'effettivo esercizio delle funzioni della commissione. I membri sono nominati dalle Parti ed eletti dalla Conferenza delle Parti, tenendo conto dell'equilibrio di genere e di un'equa distribuzione geografica e prevedendo la rappresentanza nel comitato di Stati in via di sviluppo, compresi i Paesi meno sviluppati, i piccoli Stati insulari in via di sviluppo e i Paesi in via di sviluppo senza sbocco sul mare. Il mandato e le modalità di funzionamento del comitato sono stabiliti dalla Conferenza delle Parti.

3. Il comitato può formulare raccomandazioni alla Conferenza delle Parti su questioni relative alla presente Parte, tra cui le seguenti:

(a) Linee guida o un codice di condotta per le attività relative alle risorse genetiche marine e alle informazioni sulla sequenza digitale delle risorse genetiche marine delle aree al di fuori della giurisdizione nazionale, in conformità con la presente Parte

(b) Misure di attuazione delle decisioni prese in conformità con la presente Parte;

(c) Tariffe o meccanismi per la ripartizione dei benefici monetari in conformità con l'articolo 14;

(d) Questioni relative alla presente Parte in relazione al Meccanismo di Clearing-House;

(e) Questioni relative alla presente Parte in relazione al meccanismo finanziario istituito ai sensi dell'articolo 52.

(f) qualsiasi altra questione relativa alla presente Parte che la Conferenza delle Parti possa richiedere al Comitato per l'accesso e la ripartizione dei benefici.

4. Ciascuna Parte mette a disposizione del comitato per l'accesso e la ripartizione dei benefici, attraverso il meccanismo di scambio di informazioni, le informazioni richieste ai sensi del presente Accordo, tra cui:

(a) Misure legislative, amministrative e politiche in materia di accesso e ripartizione dei benefici;

(b) I dati di contatto e le altre informazioni pertinenti sui punti focali nazionali;

(c) Altre informazioni richieste in base alle decisioni prese dalla Conferenza delle Parti.

5. La commissione per l'accesso e la ripartizione dei benefici può consultare e facilitare lo scambio di informazioni con gli strumenti e i quadri giuridici pertinenti e con gli organismi mondiali, regionali, subregionali e settoriali competenti sulle attività che rientrano nel suo mandato, tra cui la ripartizione dei benefici, l'uso delle informazioni sulla sequenza digitale delle risorse genetiche marine, le migliori pratiche, gli strumenti e le metodologie, la governance dei dati e gli insegnamenti tratti.

6. Il comitato per l'accesso e la ripartizione dei benefici può formulare raccomandazioni alla Conferenza delle Parti in relazione alle informazioni ottenute ai sensi del paragrafo 5 di cui sopra.

Articolo 16

Monitoraggio e trasparenza

1. Il monitoraggio e la trasparenza delle attività relative alle risorse genetiche marine e alle informazioni sulla sequenza digitale delle risorse genetiche marine delle aree al di fuori della giurisdizione nazionale sono realizzati attraverso la notifica al meccanismo di scambio di informazioni (Clearing-House Mechanism), mediante l'uso di identificatori di partita standardizzati "BBNJ" in conformità con la presente parte e secondo le procedure adottate dalla Conferenza delle Parti come

raccomandato dal comitato per l'accesso e la ripartizione dei benefici.

2. Le Parti presentano periodicamente al Comitato per l'accesso e la ripartizione dei benefici rapporti sull'attuazione delle disposizioni della presente Parte relative alle attività riguardanti le risorse genetiche marine e le informazioni sulla sequenza digitale delle risorse genetiche marine di aree al di fuori della giurisdizione nazionale e la ripartizione dei benefici che ne derivano, in conformità alla presente Parte.

3. La commissione per l'accesso e la ripartizione dei benefici elabora una relazione basata sulle informazioni ricevute tramite il meccanismo di scambio di informazioni e la mette a disposizione delle Parti, che possono presentare osservazioni. La commissione per l'accesso e la ripartizione dei benefici sottopone la relazione, compresi i commenti ricevuti, all'esame della Conferenza delle Parti. La Conferenza delle Parti, tenendo conto della raccomandazione del comitato per l'accesso e la ripartizione dei benefici, può stabilire linee guida appropriate per l'attuazione del presente articolo, che tengano conto delle capacità e delle circostanze nazionali delle Parti.

Parte III

MISURE QUALI GLI STRUMENTI DI GESTIONE BASATI SULLE AREE, COMPRESE LE AREE MARINE PROTETTE

Articolo 17 Obiettivi

Gli obiettivi della presente Parte sono

(a) Conservare e utilizzare in modo sostenibile le aree che necessitano di protezione, anche attraverso l'istituzione di un sistema completo di strumenti di gestione basati sulle aree, con reti di aree marine protette, ecologicamente rappresentative e ben connesse;

(b) Rafforzare la cooperazione e il coordinamento nell'uso di strumenti di gestione basati sulle aree, comprese le aree marine protette, tra gli Stati, gli strumenti e i quadri giuridici pertinenti e gli organismi globali, regionali, subregionali e settoriali competenti;

(c) Proteggere, conservare, ripristinare e mantenere la diversità biologica e gli ecosistemi, anche al fine di migliorarne la produttività e la salute, e rafforzare la resilienza ai fattori di stress, compresi quelli legati ai cambiamenti climatici, all'acidificazione degli oceani e all'inquinamento marino;

(d) Sostenere la sicurezza alimentare e altri obiettivi socioeconomici, compresa la protezione dei valori culturali;

(e) Sostenere gli Stati Parte in via di sviluppo, in particolare i Paesi meno sviluppati, i Paesi in via di sviluppo senza sbocco sul mare, gli Stati geograficamente svantaggiati, i piccoli Stati insulari in via di sviluppo, gli Stati africani costieri, gli Stati arcipelaghi e i Paesi a medio reddito in via di sviluppo, tenendo conto delle circostanze particolari dei piccoli Stati insulari in via di sviluppo, attraverso il rafforzamento delle capacità e lo sviluppo e il trasferimento di tecnologia marina nello sviluppo, nell'attuazione, nel monitoraggio, nella gestione e nell'applicazione di strumenti di gestione basati sulle aree, comprese le aree marine protette.

Articolo 18

Ambito di applicazione

L'istituzione di strumenti di gestione basati su aree, comprese le aree marine protette, non include aree all'interno della giurisdizione nazionale e non può essere invocata come base per affermare o negare qualsiasi rivendicazione di sovranità, diritti sovrani o giurisdizione, anche per quanto riguarda eventuali controversie ad esse relative. La Conferenza delle Parti non prenderà in considerazione per una decisione le proposte per l'istituzione di tali strumenti di gestione basati sulle aree, comprese le aree marine protette, e in nessun caso tali proposte potranno essere interpretate come il riconoscimento o il non riconoscimento di qualsiasi rivendicazione di sovranità, diritti sovrani o giurisdizione.

Articolo 19

Proposte

1. Le proposte relative all'istituzione di strumenti di gestione basati su aree, comprese le aree marine protette, ai sensi della presente Parte, sono presentate dalle Parti, individualmente o collettivamente, al Segretariato.

2. Le Parti collaborano e si consultano, come appropriato, con le parti interessate, compresi gli Stati e gli organismi globali, regionali, subregionali e settoriali, nonché la società civile, la comunità scientifica, il settore privato, le popolazioni indigene e le comunità locali, per l'elaborazione di proposte, come indicato nella presente Parte.

3. Le proposte saranno formulate sulla base delle migliori informazioni scientifiche e scientifiche disponibili e, ove disponibili, delle pertinenti conoscenze tradizionali delle Popolazioni Indigene e delle comunità locali, tenendo conto dell'approccio precauzionale e di un approccio ecosistemico.

4. Le proposte relative alle aree individuate devono includere i seguenti elementi chiave:

(a) Una descrizione geografica o spaziale dell'area oggetto della proposta con riferimento ai criteri indicativi specificati nell'Allegato I;

(b) informazioni su tutti i criteri specificati nell'Allegato I, nonché sui criteri che possono essere ulteriormente sviluppati e rivisti in conformità al successivo paragrafo 5, applicati nell'identificazione dell'area

(c) Attività umane nell'area, compresi gli usi da parte delle popolazioni indigene e delle comunità locali, e il loro eventuale impatto;

(d) Una descrizione dello stato dell'ambiente marino e della diversità biologica nell'area identificata;

(e) Una descrizione degli obiettivi di conservazione e, se del caso, di uso sostenibile che devono essere applicati all'area;

(f) un progetto di piano di gestione che comprenda le misure proposte e delinei le attività di monitoraggio, ricerca e revisione proposte per raggiungere gli obiettivi specificati;

(g) la durata dell'area e delle misure proposte, se del caso;

(h) Informazioni su eventuali consultazioni intraprese con gli Stati, compresi gli Stati costieri adiacenti e/o gli organismi mondiali, regionali, subregionali e settoriali competenti, se del caso;

(i) Informazioni sugli strumenti di gestione basati sulle aree, comprese le aree marine protette, attuati nell'ambito degli strumenti e dei quadri giuridici pertinenti e degli organismi globali, regionali, subregionali e settoriali pertinenti;

(j) Contributi scientifici pertinenti e, se disponibili, conoscenze tradizionali delle popolazioni indigene e delle comunità locali.

5. I criteri indicativi per l'identificazione di tali aree includono, come pertinenti, quelli specificati nell'Allegato I e possono essere ulteriormente sviluppati e rivisti, se necessario, dall'Organo scientifico e tecnico per essere esaminati e adottati dalla Conferenza delle Parti.

6. Ulteriori requisiti relativi al contenuto delle proposte, comprese le modalità di applicazione dei criteri indicativi di cui al paragrafo 5, e gli orientamenti sulle proposte di cui al paragrafo 4, lettera b), saranno elaborati dall'Organo scientifico e tecnico, se necessario, per essere esaminati e adottati dalla Conferenza delle Parti.

Articolo 20
Pubblicità ed esame preliminare delle proposte

Quando riceve una proposta scritta, la Segreteria la rende pubblica e la trasmette all'Organo scientifico e tecnico per un esame preliminare. Lo scopo dell'esame è quello di verificare che la proposta contenga le informazioni richieste dall'articolo 19, compresi i criteri indicativi descritti nella presente Parte e nell'Allegato I. L'esito dell'esame sarà reso pubblico e sarà comunicato al proponente dal Segretariato. Il proponente trasmette nuovamente la proposta al Segretariato, dopo aver tenuto conto dell'esame preliminare dell'Organo scientifico e tecnico. Il Segretariato ne dà notifica alle Parti, rende pubblica la proposta ritrasmessa e facilita le consultazioni ai sensi dell'articolo 21.

Articolo 21
Consultazioni e valutazione delle proposte

1. Le consultazioni sulle proposte presentate ai sensi dell'articolo 19 saranno inclusive, trasparenti e aperte a tutte le parti interessate, compresi gli Stati e gli organismi globali, regionali,

subregionali e settoriali, nonché la società civile, la comunità scientifica, le popolazioni indigene e le comunità locali.

2. Il Segretariato faciliterà le consultazioni e raccoglierà i contributi come segue:

(a) Gli Stati, in particolare gli Stati costieri adiacenti, saranno notificati e invitati a presentare, tra l'altro:

(i) Pareri sui meriti e sulla portata geografica della proposta;

(ii) Qualsiasi altro contributo scientifico pertinente;

(iii) Informazioni su eventuali misure o attività esistenti in aree adiacenti o correlate all'interno della giurisdizione nazionale e al di fuori di essa;

(iv) Pareri sulle potenziali implicazioni della proposta per le aree soggette a giurisdizione nazionale;

(v) Qualsiasi altra informazione pertinente;

(b) Gli organi degli strumenti e dei quadri giuridici pertinenti e gli organismi mondiali, regionali, subregionali e settoriali competenti saranno notificati e invitati a presentare, tra l'altro:

(i) Pareri sul merito della proposta;

(ii) Qualsiasi altro contributo scientifico pertinente;

(iii) Informazioni su eventuali misure esistenti adottate da tale strumento, quadro o organismo per l'area interessata o per le aree adiacenti;

(iv) Pareri su qualsiasi aspetto delle misure e degli altri elementi di un progetto di piano di gestione individuati nella proposta che rientrano nella competenza di tale organismo;

(v) Pareri su eventuali misure aggiuntive pertinenti che rientrano nella competenza di tale strumento, quadro o organismo;

(vi) Qualsiasi altra informazione pertinente;

(c) Le popolazioni indigene e le comunità locali con conoscenze tradizionali pertinenti, la comunità scientifica, la società civile e altre parti interessate saranno invitate a presentare, tra l'altro:

(i) Pareri sul merito della proposta;

(ii) Qualsiasi altro contributo scientifico pertinente;

(iii) Qualsiasi conoscenza tradizionale pertinente delle popolazioni indigene e delle comunità locali;

(iv) Qualsiasi altra informazione pertinente.

3. I contributi ricevuti ai sensi del precedente paragrafo 2 saranno resi pubblici dal Segretariato.

4. Nel caso in cui la misura proposta riguardi aree che sono interamente circondate dalle zone economiche esclusive degli Stati, i proponenti dovranno:

(a) Intraprendere consultazioni mirate e proattive, compresa la notifica preventiva, con tali Stati;

(b) Prendere in considerazione i pareri e i commenti di tali Stati sulla misura proposta e fornire risposte scritte che affrontino specificamente tali pareri e commenti e, se del caso, rivedere la misura proposta di conseguenza.

5. Il proponente prende in considerazione i contributi ricevuti durante il periodo di consultazione, nonché i pareri e le informazioni dell'Organo scientifico e tecnico e, se del caso, rivede la proposta di conseguenza o risponde a contributi sostanziali che non si riflettono nella proposta.

6. Il periodo di consultazione è limitato nel tempo.

7. La proposta riveduta è presentata all'Organo scientifico e tecnico, che valuta la proposta e formula raccomandazioni alla Conferenza delle Parti.

8. Le modalità del processo di consultazione e di valutazione, compresa la durata, sono ulteriormente elaborate dall'Organo scientifico e tecnico, se necessario, nel corso della sua prima riunione, per essere esaminate e adottate dalla Conferenza delle Parti, tenendo conto delle circostanze particolari dei piccoli Stati insulari in via di sviluppo.

Articolo 22
Istituzione di strumenti di gestione basati sulle aree, comprese le aree marine protette

1. La Conferenza delle Parti, sulla base della proposta finale e della bozza di piano di gestione, tenendo conto dei contributi e degli input scientifici ricevuti durante il processo di consultazione istituito ai sensi della presente Parte, nonché dei pareri e delle raccomandazioni scientifiche dell'Organo scientifico e tecnico:

(a) Prende decisioni sull'istituzione di strumenti di gestione basati su aree, incluse le aree marine protette, e sulle misure correlate;

(b) Può prendere decisioni su misure compatibili con quelle adottate da strumenti e quadri giuridici pertinenti e da organismi globali, regionali, subregionali e settoriali pertinenti, in cooperazione e coordinamento con tali strumenti, quadri e organismi;

(c) Può, qualora le misure proposte rientrino nelle competenze di altri organismi mondiali, regionali, subregionali o settoriali, formulare raccomandazioni alle Parti del presente Accordo e agli organismi mondiali, regionali, subregionali e settoriali per promuovere l'adozione di misure pertinenti attraverso tali strumenti, quadri e organismi, conformemente ai rispettivi mandati.

2. Nel prendere decisioni ai sensi del presente articolo, la Conferenza delle Parti rispetta le competenze degli strumenti e dei quadri giuridici pertinenti e degli organismi globali, regionali, subregionali e settoriali pertinenti e non li pregiudica.

3. La Conferenza delle Parti prende disposizioni per consultazioni regolari al fine di rafforzare la cooperazione e il coordinamento con e tra gli strumenti e i quadri giuridici pertinenti e gli organismi globali, regionali, subregionali e settoriali competenti per quanto riguarda gli strumenti di gestione basati sulle aree, comprese le aree marine protette, nonché il coordinamento per quanto riguarda le misure correlate adottate nell'ambito di tali strumenti e quadri e da tali organismi.

4. Laddove il conseguimento degli obiettivi e l'attuazione della presente Parte lo richiedano, per favorire la cooperazione e il coordinamento internazionali in materia di conservazione e di uso sostenibile della diversità biologica marina delle aree al di fuori della giurisdizione nazionale, la Conferenza delle Parti può prendere in considerazione e, fatti salvi i paragrafi 1 e 2, può decidere, a seconda dei casi, di sviluppare un meccanismo relativo agli strumenti di gestione basati sulle aree esistenti, comprese le aree marine protette, adottati dagli strumenti e dai quadri giuridici pertinenti o dagli organismi globali, regionali, subregionali o settoriali pertinenti.

5. Le decisioni e le raccomandazioni adottate dalla Conferenza delle Parti in conformità con la presente Parte non pregiudicano l'efficacia delle misure adottate per le aree soggette a giurisdizione nazionale e sono adottate nel rispetto dei diritti e dei doveri di tutti gli Stati, in conformità con la Convenzione. Nei casi in cui le misure proposte ai sensi della presente parte incidano o possano ragionevolmente incidere sulle acque sovrastanti il fondo marino e il sottosuolo di aree sottomarine sulle quali uno Stato costiero esercita diritti sovrani in conformità alla Convenzione, tali misure devono tenere in debito conto i diritti sovrani di tali Stati costieri. A tal fine saranno avviate consultazioni, in conformità con le disposizioni della presente Parte.

6. Nei casi in cui uno strumento di gestione basato su aree, compresa un'area marina protetta, istituito ai sensi della presente Parte, ricada successivamente, in tutto o in parte, nella giurisdizione nazionale di uno Stato costiero, la parte che ricade nella giurisdizione nazionale cessa immediatamente di essere in vigore. La parte che rimane in aree al di fuori della giurisdizione nazionale rimane in vigore fino a quando la Conferenza delle Parti, nella sua riunione successiva, riesamina e decide se modificare o revocare lo strumento di gestione basato sulle aree, compresa un'area marina protetta, come necessario.

7. In seguito all'istituzione o alla modifica delle competenze di uno strumento o di un quadro giuridico pertinente o di un organismo

mondiale, regionale, subregionale o settoriale pertinente, qualsiasi strumento di gestione basato su aree, compresa un'area marina protetta, o le relative misure adottate dalla Conferenza delle Parti ai sensi della presente Parte, che successivamente rientri nelle competenze di tale strumento, quadro o organismo, in tutto o in parte, resterà in vigore fino a quando la Conferenza delle Parti non riesaminerà e deciderà, in stretta collaborazione e coordinamento con tale strumento, se modificare o revocare lo strumento di gestione basato sull'area, compresa un'area marina protetta, e le misure correlate, a seconda dei casi.

Articolo 23

Processo decisionale

1. Come regola generale, le decisioni e le raccomandazioni ai sensi della presente Parte sono adottate per consenso.

2. Se non si raggiunge il consenso, le decisioni e le raccomandazioni previste dalla presente Parte sono adottate a maggioranza dei tre quarti delle Parti presenti e votanti, prima delle quali la Conferenza delle Parti decide, a maggioranza dei due terzi delle Parti presenti e votanti, che sono stati esauriti tutti gli sforzi per raggiungere il consenso.

3. Le decisioni adottate ai sensi della presente Parte entrano in vigore 120 giorni dopo la riunione della Conferenza delle Parti nella quale sono state adottate e sono vincolanti per tutte le Parti.

4. Durante il periodo di 120 giorni previsto dal paragrafo 3, ogni Parte può, mediante notifica scritta al Segretariato, presentare un'obiezione nei confronti di una decisione adottata ai sensi della presente Parte; tale decisione non sarà vincolante per tale Parte. L'obiezione a una decisione può essere ritirata in qualsiasi momento mediante notifica scritta al Segretariato e, in tal caso, la decisione sarà vincolante per la Parte in questione 90 giorni dopo la data della notifica di ritiro dell'obiezione.

5. La Parte che presenta un'obiezione ai sensi del paragrafo

4 deve fornire al Segretariato, per iscritto, al momento della presentazione dell'obiezione, la spiegazione dei motivi dell'obiezione, che si basano su uno o più dei seguenti motivi:

(a) La decisione è incompatibile con il presente Accordo o con i diritti e i doveri della Parte obiettante in conformità alla Convenzione;

(b) La decisione discrimina ingiustificatamente, nella forma o nei fatti, la Parte che solleva l'obiezione;

(c) la Parte non può praticamente conformarsi alla decisione al momento dell'obiezione dopo aver compiuto ogni ragionevole sforzo in tal senso.

6. La Parte che presenta un'obiezione ai sensi del paragrafo 4 deve, per quanto possibile, adottare misure o approcci alternativi che abbiano effetti equivalenti alla decisione alla quale ha mosso obiezione e non deve adottare misure né intraprendere azioni che compromettano l'efficacia della decisione alla quale ha mosso obiezione, a meno che tali misure o azioni non siano essenziali per l'esercizio dei diritti e dei doveri della Parte obiettante in conformità alla Convenzione.

7. La Parte obiettante presenta un rapporto alla successiva riunione ordinaria della Conferenza delle Parti dopo la notifica di cui al paragrafo 4 e, in seguito, a scadenze periodiche, sull'attuazione del paragrafo 6, per informare il monitoraggio e la revisione di cui all'articolo 26.

8. L'obiezione ad una decisione presa ai sensi del paragrafo 4 può essere rinnovata solo se la Parte obiettante lo ritiene ancora necessario, ogni tre anni dopo l'entrata in vigore della decisione, mediante notifica scritta al Segretariato. Tale notifica scritta deve contenere una spiegazione dei motivi dell'obiezione iniziale.

9. Se non viene ricevuta alcuna notifica di rinnovo ai sensi del paragrafo 8, l'obiezione è considerata automaticamente ritirata e, di conseguenza, la decisione è vincolante per la Parte 120 giorni dopo il ritiro automatico dell'obiezione. Il Segretariato informa la Parte 60 giorni prima della data in cui l'obiezione sarà

automaticamente ritirata.

10. Le decisioni della Conferenza delle Parti adottate ai sensi della presente Parte e le obiezioni a tali decisioni sono rese pubbliche dal Segretariato e sono trasmesse a tutti gli Stati e agli strumenti e quadri giuridici pertinenti e agli organismi globali, regionali, subregionali e settoriali competenti.

Articolo 24
Misure di emergenza

1. La Conferenza delle Parti prende decisioni per l'adozione di misure in aree al di fuori della giurisdizione nazionale, da applicare in via d'urgenza, se necessario, quando un fenomeno naturale o una catastrofe causata dall'uomo ha provocato, o rischia di provocare, un danno grave o irreversibile alla diversità biologica marina di aree al di fuori della giurisdizione nazionale, per garantire che il danno grave o irreversibile non venga aggravato.

2. Le misure adottate ai sensi del presente articolo sono considerate necessarie solo se, a seguito di consultazioni con gli strumenti o i quadri giuridici pertinenti o con gli organismi mondiali, regionali, subregionali o settoriali pertinenti, il danno grave o irreversibile non può essere gestito in modo tempestivo attraverso l'applicazione degli altri articoli del presente Accordo o da uno strumento o quadro giuridico pertinente o da un organismo mondiale, regionale, subregionale o settoriale pertinente.

3. Le misure adottate in caso di emergenza si baseranno sulle migliori informazioni scientifiche e scientifiche disponibili e, se disponibili, sulle conoscenze tradizionali pertinenti dei Popoli Indigeni e delle comunità locali e terranno conto dell'approccio precauzionale. Tali misure possono essere proposte dalle Parti o raccomandate dall'Organo scientifico e tecnico e possono essere adottate al di fuori delle sessioni. Le misure saranno temporanee e dovranno essere riconsiderate per una decisione nella riunione

della Conferenza delle Parti successiva alla loro adozione.

4. Le misure cessano due anni dopo la loro entrata in vigore o vengono revocate prima dalla Conferenza delle Parti in seguito alla loro sostituzione con strumenti di gestione basati su aree, comprese le aree marine protette, e con le misure connesse stabilite in conformità con la presente Parte, o da misure adottate da uno strumento o quadro giuridico pertinente o da un organismo mondiale, regionale, subregionale o settoriale pertinente, o da una decisione della Conferenza delle Parti quando cessano di esistere le circostanze che hanno reso necessaria la misura.

5. Le procedure e gli orientamenti per l'istituzione di misure di emergenza, comprese le procedure di consultazione, saranno elaborate dall'Organo scientifico e tecnico, se necessario, per essere esaminate e adottate dalla Conferenza delle Parti alla prima occasione utile. Tali procedure devono essere inclusive e trasparenti.

Articolo 25

Attuazione

1. Le Parti garantiscono che le attività sotto la loro giurisdizione o controllo che si svolgono in aree al di fuori della giurisdizione nazionale siano condotte in modo coerente con le decisioni adottate ai sensi della presente Parte.

2. Nessuna disposizione del presente accordo impedisce a una Parte di adottare misure più severe nei confronti dei propri cittadini e delle proprie navi o in relazione alle attività sotto la propria giurisdizione o controllo in aggiunta a quelle adottate ai sensi della presente Parte, in conformità al diritto internazionale e a sostegno degli obiettivi dell'accordo.

3. L'attuazione delle misure adottate ai sensi della presente Parte non dovrebbe imporre un onere sproporzionato alle Parti che sono piccoli Stati insulari in via di sviluppo o Paesi meno sviluppati,

direttamente o indirettamente.

4. Le Parti promuovono, se del caso, l'adozione di misure nell'ambito degli strumenti e dei quadri giuridici pertinenti e degli organismi mondiali, regionali, subregionali e settoriali di cui fanno parte, per sostenere l'attuazione delle decisioni e delle raccomandazioni formulate dalla Conferenza delle Parti ai sensi della presente parte.

5. Le Parti incoraggiano gli Stati che hanno il diritto di diventare Parti del presente Accordo, in particolare quelli le cui attività, navi o cittadini operano in un'area che è oggetto di uno strumento di gestione basato su un'area stabilita, compresa un'area marina protetta, a adottare misure che sostengano le decisioni e le raccomandazioni della Conferenza delle Parti sugli strumenti di gestione basati su un'area, comprese le aree marine protette, stabilite ai sensi della presente Parte.

6. Una Parte che non sia parte o partecipante ad uno strumento o quadro giuridico pertinente, o membro di un organismo globale, regionale, subregionale o settoriale pertinente, e che non accetti altrimenti di applicare le misure stabilite da tali strumenti e quadri e da tali organismi, non è esonerata dall'obbligo di cooperare, in conformità alla Convenzione e al presente Accordo, alla conservazione e all'uso sostenibile della diversità biologica marina delle aree al di fuori della giurisdizione nazionale.

Articolo 26

Monitoraggio e revisione

1. Le Parti, individualmente o collettivamente, riferiscono alla Conferenza delle Parti in merito all'attuazione degli strumenti di gestione basati sulle aree, comprese le aree marine protette, istituiti ai sensi della presente Parte e delle misure correlate. Tali rapporti, così come le informazioni e il riesame di cui ai paragrafi 2 e 3, rispettivamente, sono resi pubblici dal Segretariato.

2. Gli strumenti e i quadri giuridici pertinenti e gli organismi

mondiali, regionali, subregionali e settoriali competenti sono invitati a fornire informazioni alla Conferenza delle Parti sull'attuazione delle misure che hanno adottato per raggiungere gli obiettivi degli strumenti di gestione basata sulle aree, comprese le aree marine protette, istituiti ai sensi della presente Parte.

3. Gli strumenti di gestione basati sulle aree, comprese le aree marine protette, istituiti ai sensi della presente Parte, comprese le relative misure, sono monitorati e riesaminati periodicamente dall'Organo scientifico e tecnico, tenendo conto dei rapporti e delle informazioni di cui ai precedenti paragrafi 1 e 2, rispettivamente.

4. Nell'ambito del riesame di cui al paragrafo 3, l'Organo scientifico e tecnico valuta l'efficacia degli strumenti di gestione basati sulle aree, incluse le aree marine protette, istituiti ai sensi della presente Parte, comprese le misure correlate, e i progressi compiuti nel raggiungimento dei loro obiettivi, e fornisce consulenza e raccomandazioni alla Conferenza delle Parti.

5. A seguito del riesame, la Conferenza delle Parti prenderà, se necessario, decisioni o raccomandazioni sulla modifica, l'estensione o la revoca degli strumenti di gestione basata sulle aree, incluse le aree marine protette, e di qualsiasi misura correlata adottata dalla Conferenza delle Parti, sulla base delle migliori informazioni scientifiche e scientifiche disponibili e, se disponibili, delle conoscenze tradizionali pertinenti delle popolazioni indigene e delle comunità locali, tenendo conto dell'approccio precauzionale e di un approccio ecosistemico.

Parte IV

VALUTAZIONI DI IMPATTO AMBIENTALE

Articolo 27

Obiettivi

Gli obiettivi di questa parte sono:

(a) Rendere operative le disposizioni della Convenzione sulla valutazione dell'impatto ambientale per le aree al di fuori della giurisdizione nazionale, stabilendo processi, soglie e altri requisiti per la conduzione e la comunicazione delle valutazioni da parte delle Parti;

(b) Garantire che le attività contemplate dalla presente Parte siano valutate e condotte per prevenire, mitigare e gestire gli impatti negativi significativi al fine di proteggere e preservare l'ambiente marino;

(c) Sostenere la considerazione degli impatti cumulativi e degli impatti nelle aree soggette a giurisdizione nazionale;

(d) Prevedere valutazioni ambientali strategiche;

(e) Realizzare un quadro coerente di valutazione dell'impatto ambientale per le attività in aree al di fuori della giurisdizione nazionale;

(f) Costruire e rafforzare la capacità delle Parti, particolarmente degli Stati Parte in via di sviluppo, in particolare dei Paesi meno sviluppati, dei Paesi in via di sviluppo senza sbocco sul mare, degli Stati geograficamente svantaggiati, dei piccoli Stati insulari in via di sviluppo, degli Stati africani costieri, degli Stati arcipelaghi e dei Paesi in via di sviluppo a medio reddito, di preparare, condurre e valutare le valutazioni di impatto ambientale e le valutazioni ambientali strategiche a sostegno degli obiettivi del presente Accordo.

Articolo 28
Obbligo di effettuare valutazioni di impatto ambientale

1. Le Parti garantiscono che i potenziali impatti sull'ambiente marino delle attività pianificate sotto la loro giurisdizione o controllo che si svolgono in aree al di fuori della giurisdizione nazionale siano valutati come stabilito nella presente Parte prima di essere autorizzati.

2. Quando una Parte che ha giurisdizione o controllo su un'attività pianificata che deve essere condotta in zone marine all'interno della giurisdizione nazionale stabilisce che l'attività può causare un inquinamento sostanziale o cambiamenti significativi e dannosi all'ambiente marino in zone al di fuori della giurisdizione nazionale, tale Parte garantisce che venga effettuata una valutazione dell'impatto ambientale dell'attività in conformità con la presente Parte, o che venga effettuata una valutazione dell'impatto ambientale nell'ambito della procedura nazionale della Parte. La Parte che effettua tale valutazione nell'ambito del proprio processo nazionale deve:

(a) Rendere disponibili le informazioni pertinenti attraverso il meccanismo di scambio di informazioni (Clearing-House Mechanism), in modo tempestivo, durante il processo nazionale;

(b) Garantire che l'attività sia monitorata in modo coerente con i requisiti del proprio processo nazionale;

(c) Garantire che i rapporti di valutazione dell'impatto ambientale e qualsiasi rapporto di monitoraggio pertinente siano resi disponibili attraverso il meccanismo di scambio di informazioni (Clearing-House Mechanism) come stabilito nel presente Accordo.

3. Una volta ricevute le informazioni di cui al paragrafo 2 (a) di cui sopra, l'Organo scientifico e tecnico può fornire osservazioni alla Parte che ha giurisdizione o controllo sull'attività pianificata.

Articolo 29
Relazione tra il presente Accordo e i processi di valutazione dell'impatto ambientale previsti dagli strumenti e dai quadri giuridici pertinenti e dagli organismi mondiali, regionali, subregionali e settoriali pertinenti

1. Le Parti promuovono l'uso delle valutazioni dell'impatto ambientale e l'adozione e l'attuazione delle norme e/o delle linee guida elaborate ai sensi dell'articolo 38 nei pertinenti strumenti e quadri giuridici e nei pertinenti organismi mondiali, regionali, subregionali e settoriali di cui sono membri.

2. La Conferenza delle Parti elabora, nell'ambito della presente Parte, meccanismi che consentano all'Organo scientifico e tecnico di collaborare con gli strumenti e i quadri giuridici pertinenti e con gli organismi mondiali, regionali, subregionali e settoriali pertinenti che regolano le attività nelle aree al di fuori della giurisdizione nazionale o che proteggono l'ambiente marino.

3. Nell'elaborazione o nell'aggiornamento di norme o linee guida per la conduzione di valutazioni di impatto ambientale di attività in aree al di fuori della giurisdizione nazionale da parte delle Parti del presente Accordo ai sensi dell'articolo 38, l'Organo scientifico e tecnico collabora, come opportuno, con gli strumenti e i quadri giuridici pertinenti e con gli organismi mondiali, regionali, subregionali e settoriali competenti.

4. Non è necessario condurre uno screening o una valutazione dell'impatto ambientale di un'attività pianificata in aree che esulano dalla giurisdizione nazionale, a condizione che la Parte che ha giurisdizione o controllo sull'attività pianificata determini che:

(a) Che gli impatti potenziali dell'attività pianificata o della categoria di attività siano stati valutati in conformità con i requisiti di altri strumenti o quadri giuridici pertinenti o dagli organismi mondiali, regionali, subregionali o settoriali pertinenti;

(b) Che:

(i) La valutazione già effettuata per l'attività pianificata sia equivalente a quella richiesta ai sensi della presente Parte e i risultati della valutazione siano presi in considerazione; oppure

(ii) I regolamenti o le norme degli strumenti giuridici o dei quadri normativi pertinenti o degli organismi globali, regionali, subregionali o settoriali pertinenti derivanti dalla valutazione sono stati concepiti per prevenire, mitigare o gestire gli impatti potenziali al di sotto della soglia prevista per le valutazioni di impatto ambientale ai sensi della presente Parte e sono stati rispettati.

5. Quando una valutazione dell'impatto ambientale per un'attività pianificata in aree al di fuori della giurisdizione nazionale è stata condotta nell'ambito di uno strumento giuridico o di un quadro normativo pertinente o di un organismo globale, regionale, subregionale o settoriale pertinente, la Parte interessata garantisce che il rapporto di valutazione dell'impatto ambientale sia pubblicato attraverso il meccanismo di scambio di informazioni.

6. A meno che le attività pianificate che soddisfano i criteri di cui al paragrafo 4 (b) (i) non siano soggette a monitoraggio e revisione nell'ambito di uno strumento giuridico o di un quadro normativo pertinente o di un organismo globale, regionale, subregionale o settoriale pertinente, le Parti monitorano e rivedono le attività e garantiscono che i rapporti di monitoraggio e revisione siano pubblicati attraverso il meccanismo di scambio di informazioni.

Articolo 30

Soglie e fattori per la conduzione delle valutazioni di impatto ambientale

1. Quando un'attività pianificata può avere un effetto più che secondario o transitorio sull'ambiente marino, o gli effetti dell'attività sono sconosciuti o poco conosciuti, la Parte che ha

la giurisdizione o il controllo dell'attività effettua uno screening dell'attività ai sensi dell'articolo 31, utilizzando i fattori di cui al paragrafo 2 qui di seguito:

(a) Lo screening deve essere sufficientemente dettagliato da permettere alla Parte di valutare se ha ragionevoli motivi per ritenere che l'attività pianificata possa causare un inquinamento sostanziale o cambiamenti significativi e dannosi all'ambiente marino e deve includere:

(i) una descrizione dell'attività pianificata, compresi scopo, ubicazione, durata e intensità; e

(ii) un'analisi iniziale degli impatti potenziali, compresa la considerazione degli impatti cumulativi e, se del caso, delle alternative all'attività prevista;

(b) se, sulla base dell'analisi, si stabilisce che la Parte ha ragionevoli motivi per ritenere che l'attività possa causare un inquinamento sostanziale o cambiamenti significativi e dannosi all'ambiente marino, si procede a una valutazione dell'impatto ambientale in conformità alle disposizioni della presente Parte.

2. Nel determinare se le attività pianificate sotto la loro giurisdizione o il loro controllo soddisfano la soglia di cui al paragrafo 1, le Parti prendono in considerazione i seguenti fattori, non esaustivi:

(a) Il tipo e la tecnologia utilizzati per l'attività e il modo in cui essa sarà condotta;

(b) La durata dell'attività;

(c) L'ubicazione dell'attività;

(d) Le caratteristiche e l'ecosistema del luogo (comprese le aree di particolare rilevanza ecologica o biologica o di vulnerabilità).

(e) Gli impatti potenziali dell'attività, compresi i potenziali impatti cumulativi e gli impatti potenziali nelle aree soggette a giurisdizione nazionale;

(f) La misura in cui gli effetti dell'attività sono sconosciuti o poco conosciuti;

(g) Altri criteri ecologici o biologici pertinenti.

Articolo 31
Processo di valutazione dell'impatto ambientale

1. Le Parti garantiscono che il processo di valutazione dell'impatto ambientale ai sensi della presente Parte comprenda le seguenti fasi:

(a) Screening. Le Parti effettuano uno screening, in modo tempestivo, per determinare se sia necessaria una valutazione dell'impatto ambientale in relazione ad un'attività pianificata sotto la loro giurisdizione o controllo, in conformità all'articolo 30, e rendono pubblica tale determinazione:

(i) Se una Parte stabilisce che non è necessaria una valutazione dell'impatto ambientale per un'attività pianificata sotto la sua giurisdizione o controllo, rende pubbliche le informazioni pertinenti, anche ai sensi dell'articolo 30, paragrafo 1, lettera a), attraverso il meccanismo di scambio di informazioni (Clearing-House Mechanism) previsto dal presente Accordo;

(ii) Sulla base delle migliori informazioni scientifiche e scientifiche disponibili e, se disponibili, delle conoscenze tradizionali pertinenti delle popolazioni indigene e delle comunità locali, una Parte può registrare le proprie opinioni sui potenziali impatti di un'attività pianificata sulla quale è stata effettuata una determinazione ai sensi della lettera (a) (i) di cui sopra con la Parte che ha effettuato la determinazione e con l'Organo tecnico-scientifico, entro 40 giorni dalla sua pubblicazione;

(iii) se la Parte che ha registrato il proprio parere esprime preoccupazioni in merito ai potenziali impatti di un'attività pianificata su cui è stata effettuata la determinazione, la Parte che ha effettuato la determinazione tiene conto di tali preoccupazioni e può rivedere la propria determinazione;

(iv) Dopo aver esaminato le preoccupazioni espresse da una Parte ai sensi della lettera (a) (ii), l'Organo scientifico e tecnico prenderà in considerazione e potrà valutare i potenziali impatti dell'attività pianificata sulla base delle migliori informazioni scientifiche e scientifiche disponibili e, se disponibili, delle conoscenze tradizionali delle popolazioni indigene e delle comunità locali e, se del caso, potrà formulare raccomandazioni alla Parte che ha preso la decisione dopo aver dato a tale Parte l'opportunità di rispondere alle preoccupazioni espresse e tenendo conto di tali risposte;

(v) La Parte che ha preso una decisione ai sensi della lettera (a) (i) deve prendere in considerazione le raccomandazioni dell'Organo scientifico e tecnico;

(vi) La registrazione delle opinioni e le raccomandazioni dell'Organo scientifico e tecnico saranno rese pubbliche, anche attraverso il Meccanismo di scambio di informazioni;

(b) Definizione dell'ambito. Le Parti assicurano che siano individuati i principali impatti ambientali e gli eventuali impatti associati, come gli impatti economici, sociali, culturali e sulla salute umana, compresi i potenziali impatti cumulativi e gli impatti nelle aree soggette a giurisdizione nazionale, nonché le eventuali alternative all'attività pianificata, da includere nelle valutazioni di impatto ambientale che saranno condotte ai sensi della presente Parte. L'ambito di applicazione sarà definito utilizzando le migliori informazioni scientifiche disponibili e, se disponibili, le conoscenze tradizionali pertinenti delle popolazioni indigene e delle comunità locali;

(c) Accertamento dell'impatto e valutazione. Le Parti assicureranno che gli impatti delle attività pianificate, compresi gli impatti cumulativi e gli impatti nelle aree sottoposte a giurisdizione nazionale, siano valutati e analizzati utilizzando le migliori informazioni scientifiche disponibili e, se disponibili, le conoscenze tradizionali delle popolazioni indigene e delle comunità locali;

(d) Prevenzione, mitigazione e gestione dei potenziali effetti negativi. Le Parti dovranno garantire che:

(i) Le misure per prevenire, mitigare e gestire i potenziali effetti negativi delle attività pianificate sotto la loro giurisdizione o controllo siano identificate e analizzate per evitare impatti negativi significativi. Tali misure possono includere la considerazione di alternative all'attività pianificata sotto la loro giurisdizione o controllo;

(ii) Ove opportuno, tali misure sono inserite in un piano di gestione ambientale;

(e) Le Parti garantiscono la notifica e la consultazione del pubblico in conformità con l'articolo 32;

(f) le Parti assicurano la preparazione e la pubblicazione di un rapporto di valutazione dell'impatto ambientale in conformità con l'articolo 33.

2. Le Parti possono condurre valutazioni congiunte dell'impatto ambientale, in particolare per le attività pianificate sotto la giurisdizione o il controllo dei piccoli Stati insulari in via di sviluppo.

3. Nell'ambito dell'Organo scientifico e tecnico viene istituito un gruppo di esperti. Le Parti con limitazioni di capacità possono richiedere la consulenza e l'assistenza di tali esperti per condurre e valutare gli screening e le valutazioni di impatto ambientale per un'attività pianificata sotto la loro giurisdizione o controllo. Gli esperti non possono essere nominati per un'altra parte del processo di valutazione dell'impatto ambientale della stessa attività. La Parte che ha richiesto la consulenza e l'assistenza deve garantire che tali valutazioni di impatto ambientale le siano sottoposte per l'esame e la decisione.

Articolo 32

Notifica e consultazione del pubblico

1. Le Parti garantiscono la notifica pubblica tempestiva di un'attività pianificata, anche mediante pubblicazione attraverso il meccanismo di scambio di informazioni (Clearing-House Mechanism) e attraverso il segretariato, e opportunità pianificate

ed effettivamente limitate nel tempo, per quanto possibile, per la partecipazione di tutti gli Stati, in particolare degli Stati costieri adiacenti e di qualsiasi altro Stato adiacente all'attività quando sono potenzialmente gli Stati più colpiti, e delle parti interessate al processo di valutazione dell'impatto ambientale. La notifica e le opportunità di partecipazione, anche attraverso la presentazione di osservazioni, hanno luogo durante l'intero processo di valutazione dell'impatto ambientale, a seconda dei casi, anche quando si identifica la portata di una valutazione dell'impatto ambientale ai sensi dell'articolo 31, paragrafo 1 (b), e quando è stato preparato un progetto di rapporto di valutazione dell'impatto ambientale ai sensi dell'articolo 33, prima che venga presa una decisione sull'autorizzazione dell'attività.

2. Gli Stati potenzialmente più colpiti sono determinati tenendo conto della natura e degli effetti potenziali sull'ambiente marino dell'attività prevista e comprendono:

(a) Stati costieri il cui esercizio dei diritti sovrani ai fini dell'esplorazione, dello sfruttamento, della conservazione o della gestione delle risorse naturali può ragionevolmente ritenersi influenzato dall'attività;

(b) gli Stati che svolgono, nell'area dell'attività pianificata, attività umane, comprese quelle economiche, che si può ragionevolmente ritenere possano essere interessate dall'attività.

3. Le parti interessate a questo processo includono i Popoli Indigeni e le comunità locali con conoscenze tradizionali rilevanti, gli organismi globali, regionali, subregionali e settoriali competenti, la società civile, la comunità scientifica e il pubblico.

4. La notifica e la consultazione pubblica, in conformità con l'articolo 48, paragrafo 3, devono essere inclusive e trasparenti, devono essere condotte in modo tempestivo e devono essere mirate e proattive quando coinvolgono i piccoli Stati insulari in via di sviluppo.

5. Le osservazioni sostanziali ricevute durante il processo di consultazione, comprese quelle degli Stati costieri adiacenti e di

qualsiasi altro Stato adiacente all'attività pianificata, se si tratta di Stati potenzialmente più colpiti, sono prese in considerazione e le Parti rispondono o affrontano il problema. Le Parti tengono in particolare considerazione le osservazioni relative ai potenziali impatti nelle aree soggette a giurisdizione nazionale e forniscono risposte scritte, se del caso, che tengano conto in modo specifico di tali osservazioni, anche per quanto riguarda eventuali misure aggiuntive destinate ad affrontare tali impatti potenziali. Le Parti rendono pubbliche le osservazioni ricevute e le risposte o le descrizioni del modo in cui sono state affrontate.

6. Quando un'attività pianificata interessa aree di alto mare che sono interamente circondate dalle zone economiche esclusive degli Stati, le Parti devono:

(a) Intraprendere consultazioni mirate e proattive, compresa la notifica preventiva, con tali Stati circostanti;

(b) Considerare i pareri e le osservazioni di tali Stati circostanti sull'attività pianificata e fornire risposte scritte che affrontano specificamente tali pareri e osservazioni e, se del caso, rivedono l'attività pianificata di conseguenza.

7. Le Parti garantiscono l'accesso alle informazioni relative al processo di valutazione dell'impatto ambientale ai sensi del presente Accordo. Nonostante ciò, le Parti non sono tenute a divulgare informazioni riservate o proprietarie. Il fatto che le informazioni riservate o proprietarie siano state omesse deve essere indicato nei documenti pubblici.

Articolo 33

Rapporti di valutazione dell'impatto ambientale

1. Le Parti garantiscono l'elaborazione di un rapporto di valutazione dell'impatto ambientale per qualsiasi valutazione intrapresa ai sensi della presente parte.

2. Il rapporto di valutazione dell'impatto ambientale comprende almeno le seguenti informazioni: una descrizione dell'attività

pianificata, compresa la sua ubicazione; una descrizione dei risultati dell'esercizio di definizione dell'ambito; una valutazione di base dell'ambiente marino che potrebbe essere interessato; una descrizione dei potenziali impatti, compresi i potenziali impatti cumulativi e gli eventuali impatti nelle aree soggette a giurisdizione nazionale; una descrizione delle potenziali misure di prevenzione, mitigazione e gestione; una descrizione delle incertezze e delle lacune nelle conoscenze; informazioni sul processo di consultazione pubblica; una descrizione della considerazione di ragionevoli alternative all'attività pianificata; una descrizione delle azioni successive, compreso un piano di gestione ambientale; e una sintesi non tecnica.

3. La Parte rende disponibile il progetto di rapporto di valutazione dell'impatto ambientale attraverso il meccanismo di scambio di informazioni (Clearing-House Mechanism) durante il processo di consultazione pubblica, per dare la possibilità all'organo scientifico e tecnico di esaminare e valutare il rapporto.

4. L'Organo scientifico e tecnico, se del caso e in modo tempestivo, può presentare alla Parte osservazioni sul progetto di rapporto di valutazione dell'impatto ambientale. La Parte tiene conto di tutte le osservazioni formulate dall'Organo scientifico e tecnico.

5. Le Parti pubblicano i rapporti di valutazione dell'impatto ambientale, anche attraverso il meccanismo di scambio di informazioni. Il Segretariato provvede a notificare tempestivamente a tutte le Parti la pubblicazione dei rapporti attraverso il Meccanismo di scambio di informazioni.

6. I rapporti finali di valutazione dell'impatto ambientale saranno esaminati dall'Organo scientifico e tecnico, sulla base delle pratiche, delle procedure e delle conoscenze pertinenti nell'ambito del presente Accordo, allo scopo di elaborare linee guida, compresa l'individuazione delle migliori pratiche.

7. Una selezione delle informazioni pubblicate utilizzate nel processo di screening per decidere se effettuare una valutazione dell'impatto ambientale, ai sensi degli articoli 30 e 31, viene

esaminata e rivista dall'Organo scientifico e tecnico, sulla base delle prassi, delle procedure e delle conoscenze pertinenti ai sensi del presente Accordo, al fine di elaborare linee guida, compresa l'individuazione delle migliori prassi.

Articolo 34
Processo decisionale

1. La Parte sotto la cui giurisdizione o controllo ricade un'attività pianificata è responsabile di stabilire se essa può procedere.

2. Nel determinare se l'attività pianificata può procedere ai sensi della presente Parte, si tiene pienamente conto di una valutazione dell'impatto ambientale condotta in conformità alla presente Parte. La decisione di autorizzare l'attività pianificata sotto la giurisdizione o il controllo di una Parte è presa solo quando, tenendo conto delle misure di mitigazione o di gestione, la Parte ha stabilito di aver compiuto tutti gli sforzi ragionevoli per garantire che l'attività possa essere condotta in modo coerente con la prevenzione di impatti negativi significativi sull'ambiente marino.

3. I documenti decisionali illustrano chiaramente le condizioni di approvazione relative alle misure di mitigazione e ai requisiti di follow-up. I documenti decisionali devono essere resi pubblici, anche attraverso il meccanismo di compensazione.

4. Su richiesta di una Parte, la Conferenza delle Parti può fornire consulenza e assistenza a tale Parte nel determinare se un'attività pianificata sotto la sua giurisdizione o il suo controllo possa procedere.

Articolo 35
Monitoraggio degli impatti delle attività autorizzate

Le Parti, avvalendosi delle migliori informazioni scientifiche e scientifiche disponibili e, se disponibili, delle conoscenze tradizionali delle popolazioni indigene e delle comunità locali, tengono sotto controllo l'impatto di tutte le attività in aree al di fuori della giurisdizione nazionale che esse autorizzano o in cui si impegnano, al fine di determinare se tali attività possano inquinare o avere impatti negativi sull'ambiente marino. In particolare, ciascuna Parte deve monitorare l'impatto ambientale e ogni altro impatto associato, come quello economico, sociale, culturale e sulla salute umana, di un'attività autorizzata sotto la propria giurisdizione o il proprio controllo, in conformità con le condizioni stabilite nell'approvazione dell'attività.

Articolo 36
Relazioni sugli impatti delle attività autorizzate

1. Le Parti, che agiscano individualmente o collettivamente, riferiscono periodicamente sugli impatti dell'attività autorizzata e sui risultati del monitoraggio richiesto dall'articolo 35.

2. I rapporti di monitoraggio sono resi pubblici, anche attraverso il Meccanismo di compensazione, e l'Organo scientifico e tecnico può esaminare e valutare i rapporti di monitoraggio.

3. I rapporti di monitoraggio sono esaminati dall'Organo scientifico e tecnico, sulla base delle pratiche, delle procedure e delle conoscenze pertinenti ai sensi del presente Accordo, al fine di elaborare linee guida sul monitoraggio degli impatti delle attività autorizzate, compresa l'individuazione delle migliori pratiche.

Articolo 37
Revisione delle attività autorizzate e dei loro impatti

1. Le Parti garantiscono il riesame degli impatti dell'attività autorizzata monitorata ai sensi dell'articolo 35.

2. Qualora la Parte che ha la giurisdizione o il controllo sull'attività individui impatti negativi significativi che non erano stati previsti nella valutazione dell'impatto ambientale, per natura o gravità, o che derivano da una violazione di una qualsiasi delle condizioni stabilite nell'approvazione dell'attività, la Parte rivede

la propria decisione di autorizzazione dell'attività, ne dà notifica alla Conferenza delle Parti, alle altre Parti e al pubblico, anche attraverso il meccanismo di scambio di informazioni (Clearing-House Mechanism), e:

(a) Richiede che vengano proposte e attuate misure per prevenire, mitigare e/o gestire tali impatti o adottare qualsiasi altra azione necessaria e/o interrompere l'attività, a seconda dei casi; e

(b) Valuta tempestivamente le misure attuate o le azioni intraprese ai sensi della precedente lettera (a).

3. Sulla base dei rapporti ricevuti ai sensi dell'articolo 36, l'Organo scientifico e tecnico può notificare alla Parte che ha autorizzato l'attività se ritiene che l'attività possa avere impatti negativi significativi che non erano previsti nella valutazione dell'impatto ambientale o che derivano da una violazione delle condizioni di approvazione dell'attività autorizzata e, se del caso, può formulare raccomandazioni alla Parte.

4. a) Sulla base delle migliori informazioni scientifiche e scientifiche disponibili e, se disponibili, delle conoscenze tradizionali delle popolazioni indigene e delle comunità locali, una Parte può segnalare alla Parte che ha autorizzato l'attività e all'Organo scientifico e tecnico le proprie preoccupazioni in merito al fatto che l'attività autorizzata possa avere impatti negativi significativi che non sono stati previsti nella valutazione di impatto ambientale, per natura o gravità, o che derivano da una violazione delle condizioni di approvazione dell'attività autorizzata;

(b) La Parte che ha autorizzato l'attività deve prendere in considerazione tali preoccupazioni;

(c) Una volta prese in considerazione le preoccupazioni registrate da una Parte, l'Organo scientifico e tecnico prenderà in considerazione e potrà valutare la questione sulla base delle migliori informazioni scientifiche disponibili e, se disponibili, delle conoscenze tradizionali pertinenti delle popolazioni indigene e delle comunità locali e potrà notificare alla Parte che ha autorizzato l'attività, se ritiene che tale attività possa avere impatti negativi significativi che non erano stati previsti nella valutazione dell'impatto ambientale o che derivano da una violazione delle condizioni di approvazione dell'attività autorizzata e, dopo aver dato a tale Parte la possibilità di rispondere alle preoccupazioni registrate e tenendo conto di tali risposte e se opportuno, può formulare raccomandazioni alla Parte che ha autorizzato l'attività;

(d) La registrazione delle preoccupazioni, le notifiche emesse e le raccomandazioni formulate dall'Organo scientifico e tecnico saranno rese pubbliche, anche attraverso il meccanismo di scambio di informazioni (Clearing-House Mechanism);

(e) La Parte che ha autorizzato l'attività prende in considerazione le notifiche e le raccomandazioni dell'Organo scientifico e tecnico.

5. Tutti gli Stati, in particolare gli Stati costieri adiacenti e qualsiasi altro Stato adiacente all'attività quando sono potenzialmente gli Stati più colpiti, e le parti interessate sono tenuti informati attraverso il meccanismo di scambio di informazioni (Clearing-House Mechanism) e possono essere consultati nei processi di monitoraggio, rendicontazione e revisione in relazione a un'attività autorizzata ai sensi del presente Accordo.

6. Le Parti pubblicano, anche attraverso il Meccanismo di scambio di informazioni:

(a) Relazioni sull'esame degli impatti dell'attività autorizzata;

(b) Documenti decisionali, compresa una registrazione delle motivazioni della decisione della Parte, qualora una Parte abbia modificato la propria decisione di autorizzazione dell'attività.

Articolo 38

Norme e/o linee guida che l'Organo scientifico e tecnico deve elaborare in materia di valutazione dell'impatto ambientale

1. L'Organo scientifico e tecnico elabora norme o linee guida da

sottoporre all'esame e all'adozione della Conferenza delle Parti in merito a:

(a) La determinazione del raggiungimento o del superamento delle soglie per la conduzione di uno screening o di una valutazione di impatto ambientale ai sensi dell'articolo 30 per le attività pianificate, anche sulla base dei fattori non esaustivi indicati nel paragrafo 2 di tale articolo;

(b) La valutazione degli impatti cumulativi in aree al di fuori della giurisdizione nazionale e il modo in cui tali impatti dovrebbero essere presi in considerazione nel processo di valutazione dell'impatto ambientale;

(c) La valutazione degli impatti, nelle aree soggette a giurisdizione nazionale, delle attività pianificate in aree non soggette a giurisdizione nazionale e le modalità con cui tali impatti devono essere presi in considerazione nel processo di valutazione dell'impatto ambientale;

(d) Il processo di notifica e consultazione del pubblico ai sensi dell'articolo 32, compresa la determinazione di ciò che costituisce informazione riservata o proprietaria;

(e) Il contenuto richiesto dei rapporti di valutazione dell'impatto ambientale e delle informazioni pubblicate utilizzate nel processo di screening ai sensi dell'articolo 33, comprese le migliori pratiche;

(f) Il monitoraggio e la rendicontazione degli impatti delle attività autorizzate di cui agli articoli 35 e 36, compresa l'individuazione delle migliori pratiche;

(g) la conduzione di valutazioni ambientali strategiche.

2. L'Organo scientifico e tecnico può inoltre elaborare norme e linee guida da sottoporre all'esame e all'adozione della Conferenza delle Parti, anche per quanto riguarda:

(a) Un elenco indicativo e non esaustivo delle attività che richiedono o meno una valutazione dell'impatto ambientale, nonché tutti i criteri relativi a tali attività, da aggiornare periodicamente;

(b) La realizzazione di valutazioni dell'impatto ambientale da parte delle Parti del presente Accordo in aree identificate come bisognose di protezione o di particolare attenzione.

3. Ogni standard è riportato in un allegato al presente Accordo, conformemente all'articolo 74.

Articolo 39
Valutazioni ambientali strategiche

1. Le Parti, individualmente o in cooperazione con altre Parti, prendono in considerazione la possibilità di condurre valutazioni ambientali strategiche per piani e programmi relativi ad attività soggette alla loro giurisdizione o al loro controllo, da svolgersi in aree al di fuori della giurisdizione nazionale, al fine di valutare i potenziali effetti di tali piani o programmi, nonché delle alternative, sull'ambiente marino.

2. La Conferenza delle Parti può condurre una valutazione ambientale strategica di un'area o di una regione per raccogliere e sintetizzare le migliori informazioni disponibili sull'area o sulla regione, valutare gli impatti attuali e potenziali futuri e identificare le lacune di dati e le priorità di ricerca.

3. Nell'effettuare le valutazioni di impatto ambientale ai sensi della presente Parte, le Parti tengono conto dei risultati delle pertinenti valutazioni ambientali strategiche effettuate ai sensi dei paragrafi 1 e 2, ove disponibili.

4. La Conferenza delle Parti elabora linee guida sulla conduzione di ciascuna categoria di valutazione ambientale strategica descritta nel presente articolo.

Parte V

SVILUPPO DI CAPACITÀ E TRASFERIMENTO DI TECNOLOGIA MARINA

Articolo 40

Obiettivi

Gli obiettivi di questa parte sono:

(a) Assistere le Parti, in particolare gli Stati Parte in via di sviluppo, nell'attuazione delle disposizioni del presente Accordo, al fine di raggiungerne gli obiettivi;

(b) Consentire una cooperazione e una partecipazione inclusive, eque ed efficaci alle attività intraprese nell'ambito del presente Accordo;

(c) Sviluppare la capacità scientifica e tecnologica marina, anche per quanto riguarda la ricerca, delle Parti, in particolare degli Stati Parte in via di sviluppo, per quanto riguarda la conservazione e l'uso sostenibile della diversità biologica marina delle aree al di fuori della giurisdizione nazionale, anche attraverso l'accesso alla tecnologia marina da parte degli Stati Parte in via di sviluppo e il trasferimento di tecnologia marina a questi ultimi;

(d) Aumentare, diffondere e condividere le conoscenze sulla conservazione e sull'uso sostenibile della diversità biologica marina delle aree al di fuori della giurisdizione nazionale;

(e) Più specificamente, sostenere gli Stati Parte in via di sviluppo, in particolare i paesi meno sviluppati, i paesi in via di sviluppo senza sbocco sul mare, gli Stati geograficamente svantaggiati, i piccoli Stati insulari in via di sviluppo, gli Stati africani costieri, gli Stati arcipelaghi e i paesi in via di sviluppo a medio reddito, attraverso il rafforzamento delle capacità e lo sviluppo e il trasferimento di tecnologia marina ai sensi del presente Accordo, nel raggiungimento degli obiettivi relativi a:

(i) Le risorse genetiche marine, compresa la condivisione dei benefici, come indicato all'articolo 9;

(ii) Misure quali gli strumenti di gestione basati sulle aree, comprese le aree marine protette, come indicato all'articolo 17;

(iii) le valutazioni di impatto ambientale, come previsto dall'articolo 27.

Articolo 41

Cooperazione per il rafforzamento delle capacità e il trasferimento di tecnologie marine

1. Le Parti cooperano, direttamente o attraverso gli strumenti e i quadri giuridici pertinenti e gli organismi globali, regionali, subregionali e settoriali competenti, per assistere le Parti, in particolare gli Stati Parte in via di sviluppo, nel raggiungimento degli obiettivi del presente Accordo attraverso il rafforzamento delle capacità e lo sviluppo e il trasferimento della scienza e della tecnologia marina.

2. Nel fornire lo sviluppo di capacità e il trasferimento di tecnologia marina ai sensi del presente Accordo, le Parti cooperano a tutti i livelli e in tutte le forme, anche attraverso partenariati con e coinvolgendo tutte le parti interessate, come, se del caso, il settore privato, la società civile e le Popolazioni Indigene e le comunità locali in quanto detentori di conoscenze tradizionali, nonché attraverso il rafforzamento della cooperazione e del coordinamento tra gli strumenti e i quadri giuridici pertinenti e gli organismi globali, regionali, subregionali e settoriali competenti.

3. Nel dare attuazione alla presente Parte, le Parti riconoscono pienamente le esigenze specifiche degli Stati Parte in via di sviluppo, in particolare dei Paesi meno sviluppati, dei Paesi in via

di sviluppo senza sbocco sul mare, degli Stati geograficamente svantaggiati, dei piccoli Stati insulari in via di sviluppo, degli Stati africani costieri, degli Stati arcipelaghi e dei Paesi in via di sviluppo a medio reddito. Le Parti assicurano che la fornitura di capacità e il trasferimento di tecnologia marina non siano subordinati a onerosi requisiti di rendicontazione.

Articolo 42
Modalità per lo sviluppo di capacità e per il trasferimento di tecnologia marina

1. Le Parti, nell'ambito delle loro capacità, assicurano lo sviluppo di capacità per gli Stati contraenti in via di sviluppo e cooperano per realizzare il trasferimento di tecnologia marina, in particolare agli Stati contraenti in via di sviluppo che ne hanno bisogno e ne fanno richiesta, tenendo conto delle circostanze particolari dei piccoli Stati insulari in via di sviluppo e dei paesi meno sviluppati, conformemente alle disposizioni del presente Accordo.

2. Le Parti forniscono, nell'ambito delle loro capacità, risorse per sostenere tale rafforzamento delle capacità e lo sviluppo e il trasferimento di tecnologia marina e per facilitare l'accesso ad altre fonti di sostegno, tenendo conto delle loro politiche, priorità, piani e programmi nazionali.

3. Il rafforzamento delle capacità e il trasferimento di tecnologia marina devono essere un processo guidato dal Paese, trasparente, efficace e iterativo che sia partecipativo, trasversale e che risponda alle esigenze di genere. Dovrà basarsi, come appropriato, sui programmi esistenti e non duplicarli, e dovrà essere guidato dalle lezioni apprese, comprese quelle derivanti dalle attività di sviluppo delle capacità e di trasferimento di tecnologia marina nell'ambito degli strumenti e dei quadri giuridici pertinenti e dei relativi organismi globali, regionali, subregionali e settoriali. Per quanto possibile, terrà conto di queste attività al fine di massimizzare l'efficienza e i risultati.

4. Il rafforzamento delle capacità e il trasferimento di tecnologia

marina si basano e rispondono alle esigenze e alle priorità degli Stati Parte in via di sviluppo, tenendo conto delle circostanze particolari dei piccoli Stati insulari in via di sviluppo e dei Paesi meno sviluppati, individuate attraverso valutazioni delle esigenze caso per caso, su base subregionale o regionale. Tali esigenze e priorità possono essere autovalutate o facilitate attraverso il comitato per lo sviluppo delle capacità e il trasferimento di tecnologia marina e il meccanismo di scambio di informazioni.

Articolo 43
Modalità aggiuntive per il trasferimento di tecnologia marina

1. Le Parti condividono una visione a lungo termine dell'importanza di realizzare appieno lo sviluppo e il trasferimento di tecnologia per una cooperazione e una partecipazione inclusive, eque ed efficaci alle attività intraprese nell'ambito del presente Accordo e per conseguire pienamente i suoi obiettivi.

2. Il trasferimento di tecnologia marina intrapreso nell'ambito del presente Accordo deve avvenire alle condizioni più eque e favorevoli, anche a condizioni agevolate e preferenziali, e in conformità con i termini e le condizioni reciprocamente concordati nonché con gli obiettivi del presente Accordo.

3. Le Parti promuovono e incoraggiano le condizioni economiche e giuridiche per il trasferimento di tecnologia marina agli Stati contraenti in via di sviluppo, tenendo conto delle circostanze particolari dei piccoli Stati insulari in via di sviluppo e dei paesi meno sviluppati, il che può includere la fornitura di incentivi alle imprese e alle istituzioni.

4. Il trasferimento di tecnologia marina tiene conto di tutti i diritti su tali tecnologie e viene effettuato tenendo in debito conto tutti gli interessi legittimi, compresi, tra l'altro, i diritti e i doveri dei detentori, dei fornitori e dei destinatari di tecnologia marina e tenendo in particolare considerazione gli interessi e le esigenze degli Stati in via di sviluppo per il conseguimento degli obiettivi

del presente Accordo.

5. La tecnologia marina trasferita ai sensi della presente Parte deve essere appropriata, pertinente e, nella misura del possibile, affidabile, accessibile, aggiornata, rispettosa dell'ambiente e disponibile in forma accessibile per gli Stati contraenti in via di sviluppo, tenendo conto delle circostanze particolari dei piccoli Stati insulari in via di sviluppo e dei paesi meno sviluppati.

Articolo 44
Tipi di rafforzamento delle capacità e di trasferimento di tecnologia marina

1. A sostegno degli obiettivi di cui all'articolo 40, i tipi di rafforzamento delle capacità e di trasferimento di tecnologia marina possono includere, ma non sono limitati a, il sostegno alla creazione o al potenziamento delle capacità umane, di gestione finanziaria, scientifiche, tecnologiche, organizzative, istituzionali e di altre risorse delle Parti, quali:

(a) La condivisione e l'utilizzo dei dati, delle informazioni, delle conoscenze e dei risultati delle ricerche pertinenti;

(b) La diffusione di informazioni e la sensibilizzazione, anche in relazione alle conoscenze tradizionali dei popoli indigeni e delle comunità locali, in linea con il consenso libero, preventivo e informato di tali popoli indigeni e, se del caso, delle comunità locali;

(c) Lo sviluppo e il rafforzamento delle infrastrutture pertinenti, comprese le attrezzature e la capacità del personale di utilizzarle e mantenerle;

(d) Lo sviluppo e il rafforzamento della capacità istituzionale e dei quadri o meccanismi normativi nazionali;

(e) Lo sviluppo e il rafforzamento delle capacità di gestione umana e finanziaria e delle competenze tecniche attraverso gli scambi, la collaborazione nella ricerca, il supporto tecnico, l'istruzione e la formazione e il trasferimento della tecnologia marina

(f) Lo sviluppo e la condivisione di manuali, linee guida e standard;

(g) Lo sviluppo di programmi tecnici, scientifici, di ricerca e sviluppo;

(h) Lo sviluppo e il rafforzamento delle capacità e degli strumenti tecnologici per un efficace monitoraggio, controllo e sorveglianza delle attività che rientrano nel campo di applicazione del presente Accordo.

2. Ulteriori dettagli relativi ai tipi di rafforzamento delle capacità e del trasferimento di tecnologia marina individuati in questo articolo sono elaborati nell'Allegato II.

3. La Conferenza delle Parti, tenendo conto delle raccomandazioni del Comitato per il potenziamento delle capacità e il trasferimento di tecnologia marina, riesamina, valuta e sviluppa periodicamente, se necessario, e fornisce orientamenti sull'elenco indicativo e non esaustivo dei tipi di potenziamento delle capacità e di trasferimento di tecnologia marina elaborato nell'Allegato II, per rispecchiare il progresso tecnologico e l'innovazione e per rispondere e adattarsi all'evoluzione delle esigenze degli Stati, delle sotto regioni e delle regioni.

Articolo 45

Monitoraggio e revisione

1. Il rafforzamento delle capacità e il trasferimento di tecnologia marina intrapresi in conformità alle disposizioni della presente Parte sono monitorati e riesaminati periodicamente.

2. Il monitoraggio e la revisione di cui al paragrafo 1 sono effettuati dal Comitato per lo sviluppo di capacità e il trasferimento di tecnologia marina sotto l'autorità della Conferenza delle Parti e sono finalizzati a:

(a) Valutare e riesaminare le esigenze e le priorità degli Stati Parte in via di sviluppo in termini di sviluppo di capacità e di trasferimento di tecnologia marina, prestando particolare attenzione alle esigenze specifiche degli Stati Parte in via di sviluppo e alle circostanze particolari dei piccoli Stati insulari in via di sviluppo e dei paesi meno sviluppati, in conformità con l'articolo 42, paragrafo 4;

(b) Esaminare il sostegno richiesto, fornito e mobilitato, nonché le lacune nel soddisfare le esigenze valutate degli Stati Parte in via di sviluppo in relazione al presente Accordo;

(c) Individuare e mobilitare fondi nell'ambito del meccanismo finanziario istituito ai sensi dell'articolo 52 per sviluppare e attuare il rafforzamento delle capacità e il trasferimento di tecnologia marina, anche per la conduzione di accertamenti delle esigenze;

(d) Misurare le prestazioni sulla base di indicatori concordati ed esaminare le analisi basate sui risultati, anche per quanto riguarda le realizzazioni, i risultati, i progressi e l'efficacia dello sviluppo di capacità e del trasferimento di tecnologia marina nell'ambito del presente Accordo, nonché i successi e le sfide;

(e) Formulare raccomandazioni per le attività di follow-up, anche su come lo sviluppo di capacità e il trasferimento di tecnologia marina potrebbero essere ulteriormente migliorati per consentire agli Stati Parte in via di sviluppo, tenendo conto delle circostanze particolari dei piccoli Stati insulari in via di sviluppo e dei paesi meno sviluppati, di rafforzare l'attuazione dell'Accordo al fine di raggiungerne gli obiettivi.

3. A sostegno del monitoraggio e del riesame del potenziamento delle capacità e del trasferimento di tecnologia marina, le Parti presentano rapporti al Comitato per il potenziamento delle capacità e il trasferimento di tecnologia marina. Tali rapporti devono essere redatti nel formato e con la frequenza stabiliti dalla Conferenza delle Parti, tenendo conto delle raccomandazioni del Comitato per lo sviluppo delle capacità e il trasferimento di tecnologia marina. Nel presentare i loro rapporti, le Parti tengono conto, se del caso, dei contributi degli organismi regionali e subregionali per lo sviluppo delle capacità e il trasferimento di

tecnologia marina. I rapporti presentati dalle Parti, così come ogni contributo degli organismi regionali e subregionali sul rafforzamento delle capacità e sul trasferimento di tecnologia marina, devono essere resi pubblici. La Conferenza delle Parti dovrà garantire che i requisiti per la presentazione dei rapporti siano semplificati e non onerosi, in particolare per gli Stati Parte in via di sviluppo, anche in termini di costi e di tempo.

Articolo 46
Comitato per lo sviluppo delle capacità e il trasferimento di tecnologie marine

1. È istituito un comitato per lo sviluppo di capacità e il trasferimento di tecnologia marina.

2. Il comitato è composto da membri in possesso di qualifiche e competenze adeguate, in grado di servire obiettivamente nell'interesse dell'Accordo, nominati dalle Parti ed eletti dalla Conferenza delle Parti, tenendo conto dell'equilibrio di genere e di un'equa distribuzione geografica e prevedendo una rappresentanza nel comitato dei paesi meno sviluppati, dei piccoli Stati insulari in via di sviluppo e dei paesi in via di sviluppo senza sbocco sul mare. Il mandato e le modalità di funzionamento del comitato saranno decisi dalla Conferenza delle Parti nella sua prima riunione.

3. Il comitato presenta rapporti e raccomandazioni che la Conferenza delle Parti esaminerà e su cui interverrà, se del caso.

Parte VI

DISPOSIZIONI ISTITUZIONALI

Articolo 47

Conferenza delle Parti

1. È istituita una Conferenza delle Parti.

2. La prima riunione della Conferenza delle Parti è convocata dal Segretario generale delle Nazioni Unite entro un anno dall'entrata in vigore del presente Accordo. In seguito, le riunioni ordinarie della Conferenza delle Parti si terranno a intervalli regolari stabiliti dalla Conferenza delle Parti. Le riunioni straordinarie della Conferenza delle Parti possono essere tenute in altri momenti, conformemente al regolamento interno.

3. La Conferenza delle Parti si riunisce di norma presso la sede del Segretariato o presso la sede delle Nazioni Unite.

4. La Conferenza delle Parti adotta per consenso, in occasione della sua prima riunione, il regolamento interno per sé e per i suoi organi sussidiari, il regolamento finanziario che disciplina il suo finanziamento e quello del segretariato e di tutti gli organi sussidiari e, successivamente, il regolamento interno e il regolamento finanziario per ogni altro organo sussidiario che potrà istituire. Fino all'adozione del regolamento interno, si applicherà il regolamento interno della Conferenza intergovernativa su uno strumento internazionale giuridicamente vincolante ai sensi della Convenzione delle Nazioni Unite sul diritto del mare per la conservazione e l'uso sostenibile della diversità biologica marina delle aree al di fuori della giurisdizione nazionale.

5. La Conferenza delle Parti si adopera per adottare decisioni e raccomandazioni per consenso. Fatte salve le disposizioni contrarie del presente Accordo, se tutti gli sforzi per raggiungere il consenso sono stati esauriti, le decisioni e le raccomandazioni della Conferenza delle Parti su questioni di merito sono adottate a maggioranza dei due terzi delle Parti presenti e votanti e le decisioni su questioni di procedura sono adottate a maggioranza delle Parti presenti e votanti.

6. La Conferenza delle Parti tiene sotto controllo e valuta l'attuazione del presente Accordo e, a tal fine, deve:

(a) Adottare decisioni e raccomandazioni relative all'attuazione del presente Accordo;

(b) Esaminare e facilitare lo scambio di informazioni tra le Parti in merito all'attuazione del presente Accordo;

(c) Promuovere, anche attraverso l'istituzione di processi appropriati, la cooperazione e il coordinamento con e tra gli strumenti e i quadri giuridici pertinenti e gli organismi mondiali, regionali, subregionali e settoriali competenti, al fine di promuovere la coerenza tra gli sforzi volti alla conservazione e all'uso sostenibile della diversità biologica marina nelle aree al di fuori della giurisdizione nazionale;

(d) Istituire gli organi sussidiari ritenuti necessari per sostenere l'attuazione del presente Accordo;

(e) Adottare un bilancio a maggioranza di tre quarti delle Parti presenti e votanti, qualora siano stati esauriti tutti gli sforzi per raggiungere un consenso, con la frequenza e per il periodo finanziario che potrà stabilire;

(f) Svolgere altre funzioni indicate nel presente Accordo o che possono essere necessarie per la sua attuazione.

7. La Conferenza delle Parti può decidere di chiedere al Tribunale internazionale per il diritto del mare di esprimere un parere consultivo su una questione giuridica relativa alla conformità al presente Accordo di una proposta presentata alla Conferenza delle

Parti su qualsiasi questione di sua competenza. Una richiesta di parere consultivo non può essere richiesta su una questione che rientra nelle competenze di altri organismi mondiali, regionali, subregionali o settoriali, o su una questione che implica necessariamente l'esame simultaneo di una controversia relativa alla sovranità o ad altri diritti sul territorio terrestre continentale o insulare o a una rivendicazione su di esso, o allo status giuridico di un'area che rientra nella giurisdizione nazionale. La richiesta deve indicare la portata della questione giuridica sulla quale si chiede il parere consultivo. La Conferenza delle Parti può chiedere che tale parere sia fornito con urgenza.

8. La Conferenza delle Parti, entro cinque anni dall'entrata in vigore del presente Accordo e successivamente ad intervalli da essa stabiliti, valuta e riesamina l'adeguatezza e l'efficacia delle disposizioni del presente Accordo e, se necessario, propone mezzi per rafforzare l'attuazione di tali disposizioni al fine di affrontare meglio la conservazione e l'uso sostenibile della diversità biologica marina delle aree al di fuori della giurisdizione nazionale.

Articolo 48

Trasparenza

1. La Conferenza delle Parti promuove la trasparenza nei processi decisionali e nelle altre attività svolte nell'ambito del presente Accordo.

2. Tutte le riunioni della Conferenza delle Parti e dei suoi organi ausiliari sono aperte agli osservatori che vi partecipano conformemente al regolamento interno, salvo diversa decisione della Conferenza delle Parti. La Conferenza delle Parti pubblica e mantiene un registro pubblico delle sue decisioni.

3. La Conferenza delle Parti promuoverà la trasparenza nell'attuazione del presente Accordo, anche attraverso la diffusione pubblica delle informazioni e l'agevolazione della partecipazione e della consultazione degli organismi mondiali, regionali, subregionali e settoriali competenti, dei Popoli Indigeni

e delle comunità locali con conoscenze tradizionali pertinenti, della comunità scientifica, della società civile e di altre parti interessate, come appropriato e in conformità con le disposizioni del presente Accordo.

4. I rappresentanti degli Stati che non sono parte del presente Accordo, i pertinenti organismi mondiali, regionali, subregionali e settoriali, le popolazioni indigene e le comunità locali con conoscenze tradizionali pertinenti, la comunità scientifica, la società civile e le altre parti interessate con un interesse nelle questioni relative alla Conferenza delle Parti possono chiedere di partecipare come osservatori alle riunioni della Conferenza delle Parti e dei suoi organi sussidiari. Il regolamento interno della Conferenza delle Parti stabilirà le modalità di tale partecipazione e non sarà indebitamente restrittivo al riguardo. Il regolamento interno prevede inoltre che tali rappresentanti abbiano accesso tempestivo a tutte le informazioni pertinenti.

Articolo 49

Organo scientifico e tecnico

1. È istituito un organo scientifico e tecnico.

2. L'Organo scientifico e tecnico è composto da membri che operano in qualità di esperti e nel migliore interesse dell'Accordo, nominati dalle Parti ed eletti dalla Conferenza delle Parti, con qualifiche adeguate, tenendo conto della necessità di competenze multidisciplinari, comprese le competenze scientifiche e tecniche pertinenti e le competenze in materia di conoscenze tradizionali delle popolazioni indigene e delle comunità locali, dell'equilibrio di genere e di un'equa rappresentanza geografica. I termini di riferimento e le modalità di funzionamento dell'Organo scientifico e tecnico, compreso il processo di selezione e i termini dei mandati dei membri, saranno stabiliti dalla Conferenza delle Parti nella sua prima riunione.

3. L'Organo scientifico e tecnico può avvalersi, se necessario, di pareri appropriati provenienti da strumenti e quadri giuridici

pertinenti e da organismi mondiali, regionali, subregionali e settoriali, nonché da altri scienziati ed esperti.

4. Sotto l'autorità e la guida della Conferenza delle Parti e tenendo conto delle competenze multidisciplinari di cui al paragrafo 2, l'Organo scientifico e tecnico fornisce consulenza scientifica e tecnica alla Conferenza delle Parti, svolge le funzioni assegnategli ai sensi del presente Accordo e le altre funzioni stabilite dalla Conferenza delle Parti e presenta alla Conferenza delle Parti relazioni sul proprio lavoro.

Articolo 50

Segretariato

1. È istituito un segretariato. La Conferenza delle Parti, in occasione della sua prima riunione, prende disposizioni per il funzionamento del segretariato, decidendo anche la sua sede.

2. Fino a quando il segretariato non inizierà le sue funzioni, il Segretario generale delle Nazioni Unite, attraverso la Divisione per gli affari dell'oceano e il diritto del mare dell'Ufficio degli affari giuridici del Segretariato delle Nazioni Unite, svolgerà le funzioni di segretariato ai sensi del presente Accordo.

3. Il Segretariato e lo Stato ospitante possono concludere un accordo sulla sede. Il Segretariato avrà capacità giuridica nel territorio dello Stato ospitante e gli saranno concessi i privilegi e le immunità necessari per l'esercizio delle sue funzioni.

4. Il segretariato:

(a) Fornisce un supporto amministrativo e logistico alla Conferenza delle Parti e ai suoi organi sussidiari ai fini dell'attuazione del presente Accordo;

(b) Organizza e gestisce le riunioni della Conferenza delle Parti e di qualsiasi altro organo istituito ai sensi del presente Accordo o dalla Conferenza delle Parti;

(c) Fa circolare tempestivamente le informazioni relative all'attuazione del presente Accordo, tra cui la messa a disposizione del pubblico delle decisioni della Conferenza delle Parti e la loro trasmissione a tutte le Parti, nonché agli strumenti e ai quadri giuridici pertinenti e agli organismi mondiali, regionali, subregionali e settoriali competenti;

(d) Facilitare la cooperazione e il coordinamento, se del caso, con i segretariati di altri organismi internazionali competenti e, in particolare, stipula gli accordi amministrativi e contrattuali necessari a tal fine e all'efficace svolgimento delle sue funzioni, previa approvazione della Conferenza delle Parti;

(e) Redigere rapporti sull'esecuzione delle sue funzioni ai sensi del presente Accordo e li presenta alla Conferenza delle Parti;

(f) Fornire assistenza per l'attuazione del presente Accordo e svolgere le altre funzioni stabilite dalla Conferenza delle Parti o ad essa assegnate ai sensi del presente Accordo.

Articolo 51

Meccanismo di compensazione

1. È istituito un meccanismo di compensazione (Clearing-House Mechanism).

2. Il meccanismo di scambio di informazioni consiste principalmente in una piattaforma ad accesso aperto. Le modalità specifiche per il funzionamento del meccanismo di scambio di informazioni sono stabilite dalla Conferenza delle Parti.

3. Il Meccanismo di Clearing-House:

(a) Funge da piattaforma centralizzata per consentire alle Parti di accedere, fornire e diffondere informazioni sulle attività che si svolgono in conformità alle disposizioni del presente Accordo, comprese le informazioni relative a:

(i) Le risorse genetiche marine delle aree al di fuori della giurisdizione nazionale, come indicato nella Parte II del presente Accordo;

(ii) L'istituzione e l'attuazione di strumenti di gestione basati sulle aree, comprese le aree marine protette;

(iii) Valutazioni di impatto ambientale;

(iv) Richieste di rafforzamento delle capacità e di trasferimento di tecnologia marina e di opportunità in materia, compresa la ricerca;

(iv) Richieste di potenziamento delle capacità e di trasferimento di tecnologia marina e le relative opportunità, comprese le opportunità di collaborazione nella ricerca e di formazione, le informazioni sulle fonti e sulla disponibilità di informazioni e dati tecnologici per il trasferimento di tecnologia marina, le opportunità di accesso facilitato alla tecnologia marina e la disponibilità di finanziamenti;

(b) Facilita l'incontro tra le esigenze di sviluppo delle capacità e il sostegno disponibile e i fornitori di trasferimento di tecnologia marina, compresi gli enti governativi, non governativi o privati interessati a partecipare come donatori al trasferimento di tecnologia marina, e facilita l'accesso al relativo know-how e alle competenze;

(c) Fornisce collegamenti con i meccanismi di clearing-house globali, regionali, subregionali, nazionali e settoriali e con altre banche genetiche, archivi e database, compresi quelli relativi alle conoscenze tradizionali delle popolazioni indigene e delle comunità locali, e promuove, ove possibile, collegamenti con piattaforme private e non governative pubblicamente disponibili per lo scambio di informazioni;

(d) Si basa sulle istituzioni di clearing-house globali, regionali e subregionali, laddove possibile, quando si istituiscono meccanismi regionali e subregionali nell'ambito del meccanismo globale;

(e) Promuove una maggiore trasparenza, anche facilitando la condivisione dei dati ambientali di riferimento e delle informazioni relative alla conservazione e all'uso sostenibile della diversità biologica marina nelle aree al di fuori della giurisdizione nazionale tra le Parti e le altre parti interessate;

(f) Facilita la cooperazione e la collaborazione internazionale, compresa la cooperazione e la collaborazione scientifica e tecnica;

(g) Svolge le altre funzioni che possono essere stabilite dalla Conferenza delle Parti o che le sono assegnate ai sensi del presente Accordo.

4. Il Meccanismo di Clearing-House sarà gestito dal Segretariato, senza pregiudicare la possibile cooperazione con altri strumenti e quadri giuridici pertinenti e con gli organismi globali, regionali, subregionali e settoriali pertinenti, come stabilito dalla Conferenza delle Parti, tra cui la Commissione oceanografica intergovernativa dell'Organizzazione delle Nazioni Unite per l'educazione, la scienza e la cultura, l'Autorità internazionale dei fondi marini, l'Organizzazione marittima internazionale e l'Organizzazione delle Nazioni Unite per l'alimentazione e l'agricoltura.

5. Nella gestione del Meccanismo di scambio di informazioni (Clearing-House Mechanism), sarà dato pieno riconoscimento alle esigenze particolari degli Stati Parte in via di sviluppo, così come alle circostanze particolari dei piccoli Stati Parte insulari in via di sviluppo, e sarà facilitato il loro accesso al meccanismo per consentire a tali Stati di utilizzarlo senza indebiti ostacoli o oneri amministrativi. Saranno incluse informazioni sulle attività volte a promuovere la condivisione delle informazioni, la sensibilizzazione e la diffusione in e con tali Stati, nonché a fornire programmi specifici per tali Stati.

6. La riservatezza delle informazioni fornite ai sensi del presente accordo e i relativi diritti sono rispettati. Nessuna disposizione del presente Accordo può essere interpretata come un obbligo di condivisione di informazioni protette dalla divulgazione in base al diritto interno di una Parte o ad altre leggi applicabili.

Parte VII

RISORSE E MECCANISMO FINANZIARIO

Articolo 52

Finanziamento

1. Ciascuna Parte fornisce, nell'ambito delle proprie capacità, risorse per le attività destinate a conseguire gli obiettivi del presente accordo, tenendo conto delle proprie politiche, priorità, piani e programmi nazionali.

2. Le istituzioni stabilite ai sensi del presente Accordo sono finanziate mediante contributi determinati delle Parti.

3. È istituito un meccanismo per la fornitura di risorse finanziarie adeguate, accessibili, nuove, aggiuntive e prevedibili nell'ambito del presente Accordo. Il meccanismo assiste gli Stati contraenti in via di sviluppo nell'attuazione del presente Accordo, anche attraverso finanziamenti a sostegno del rafforzamento delle capacità e del trasferimento di tecnologia marina, e svolge altre funzioni come stabilito nel presente articolo per la conservazione e l'uso sostenibile della diversità biologica marina.

4. Il meccanismo comprende:

(a) Un fondo fiduciario volontario istituito dalla Conferenza delle Parti per facilitare la partecipazione dei rappresentanti degli Stati Parte in via di sviluppo, in particolare dei Paesi meno sviluppati, dei Paesi in via di sviluppo senza sbocco sul mare e dei piccoli Stati insulari in via di sviluppo, alle riunioni degli organi istituiti dal presente Accordo;

(b) Un fondo speciale che sarà alimentato dalle seguenti fonti:

(i) Contributi annuali conformemente all'articolo 14, paragrafo 6;

(ii) Versamenti in conformità con l'articolo 14, paragrafo 7

(iii) Contributi aggiuntivi delle Parti e di enti privati che desiderano fornire risorse finanziarie per sostenere la conservazione e l'uso sostenibile della diversità biologica marina nelle aree al di fuori della giurisdizione nazionale;

(c) Il fondo fiduciario del Fondo mondiale per l'ambiente.

5. La Conferenza delle Parti può considerare la possibilità di istituire fondi aggiuntivi, come parte del meccanismo finanziario, per sostenere la conservazione e l'uso sostenibile della diversità biologica marina delle aree al di fuori della giurisdizione nazionale, per finanziare la riabilitazione e il ripristino ecologico della diversità biologica marina delle aree al di fuori della giurisdizione nazionale.

6. Il fondo speciale e il fondo fiduciario del Fondo mondiale per l'ambiente saranno utilizzati per:

(a) Finanziare progetti di rafforzamento delle capacità nell'ambito del presente Accordo, compresi progetti efficaci sulla conservazione e l'uso sostenibile della diversità biologica marina e attività e programmi, compresa la formazione relativa al trasferimento di tecnologia marina;

(b) Assistere gli Stati Parte in via di sviluppo nell'attuazione del presente Accordo;

(c) Sostenere i programmi di conservazione e di uso sostenibile da parte delle popolazioni indigene e delle comunità locali in quanto detentrici di conoscenze tradizionali;

(d) Sostenere le consultazioni pubbliche a livello nazionale, subregionale e regionale;

(e) Finanziare la realizzazione di qualsiasi altra attività decisa dalla Conferenza delle Parti.

7. Il meccanismo finanziario dovrebbe cercare di garantire che siano evitati i doppioni e che siano promosse la complementarità e la coerenza tra l'utilizzo dei fondi nell'ambito del meccanismo.

8. Le risorse finanziarie mobilitate a sostegno dell'attuazione

del presente Accordo possono includere finanziamenti forniti da fonti pubbliche e private, sia nazionali che internazionali, compresi, ma non solo, i contributi degli Stati, delle istituzioni finanziarie internazionali, dei meccanismi di finanziamento esistenti nell'ambito di strumenti globali e regionali, delle agenzie donatrici, delle organizzazioni intergovernative, delle organizzazioni non governative e delle persone fisiche e giuridiche, nonché attraverso partenariati pubblico-privati.

9. Ai fini del presente Accordo, il meccanismo funzionerà sotto l'autorità, se del caso, e la guida della Conferenza delle Parti e dovrà rendere conto a quest'ultima. La Conferenza delle Parti fornisce indicazioni sulle strategie generali, sulle politiche, sulle priorità dei programmi e sull'ammissibilità all'accesso e all'utilizzo delle risorse finanziarie.

10. La Conferenza delle Parti e il Fondo mondiale per l'ambiente concordano le modalità di attuazione dei paragrafi precedenti in occasione della prima riunione della Conferenza delle Parti.

11. Riconoscendo l'urgenza di affrontare la conservazione e l'uso sostenibile della diversità biologica marina delle aree al di fuori della giurisdizione nazionale, la Conferenza delle Parti stabilisce un obiettivo iniziale di mobilitazione delle risorse fino al 2030 per il fondo speciale da tutte le fonti, tenendo conto, tra l'altro, delle modalità istituzionali del fondo speciale e delle informazioni fornite attraverso il comitato per lo sviluppo delle capacità e il trasferimento di tecnologia marina.

12. L'accesso ai finanziamenti previsti dal presente Accordo è aperto agli Stati contraenti in via di sviluppo sulla base delle necessità. I finanziamenti nell'ambito del fondo speciale sono distribuiti secondo criteri di equa ripartizione, tenendo conto delle necessità di assistenza delle Parti con esigenze particolari, in particolare dei Paesi meno sviluppati, dei Paesi in via di sviluppo senza sbocco sul mare, degli Stati geograficamente svantaggiati, dei piccoli Stati insulari in via di sviluppo e degli Stati africani costieri, degli Stati arcipelaghi e dei Paesi in via di sviluppo a

medio reddito, e tenendo conto delle circostanze particolari dei piccoli Stati insulari in via di sviluppo e dei Paesi meno sviluppati. Il fondo speciale è volto a garantire un accesso efficiente ai finanziamenti attraverso procedure semplificate di richiesta e approvazione e una maggiore disponibilità di sostegno per tali Stati in via di sviluppo.

13. Alla luce dei vincoli di capacità, le Parti incoraggiano le organizzazioni internazionali a concedere un trattamento preferenziale e a prendere in considerazione le esigenze specifiche e i requisiti particolari degli Stati Parte in via di sviluppo, in particolare dei paesi meno sviluppati, dei paesi in via di sviluppo senza sbocco sul mare e dei piccoli Stati insulari in via di sviluppo, e tenendo conto delle circostanze particolari dei piccoli Stati insulari in via di sviluppo e dei paesi meno sviluppati, nell'assegnazione di fondi e di assistenza tecnica appropriati e nell'utilizzo dei loro servizi specializzati ai fini della conservazione e dell'uso sostenibile della diversità biologica marina delle aree al di fuori della giurisdizione nazionale.

14. La Conferenza delle Parti istituisce una commissione per le risorse finanziarie. Essa sarà composta da membri in possesso di qualifiche e competenze adeguate, tenendo conto dell'equilibrio di genere e di un'equa distribuzione geografica. Il mandato e le modalità di funzionamento del comitato sono decisi dalla Conferenza delle Parti. Il comitato riferisce periodicamente e formula raccomandazioni sull'identificazione e la mobilitazione dei fondi nell'ambito del meccanismo. Raccoglie inoltre informazioni e riferisce in merito ai finanziamenti nell'ambito di altri meccanismi e strumenti che contribuiscono direttamente o indirettamente al raggiungimento degli obiettivi del presente Accordo. Oltre alle considerazioni di cui al presente articolo, il comitato prende in considerazione, tra l'altro:

(a) La valutazione delle esigenze delle Parti, in particolare degli Stati Parte in via di sviluppo;

(b) La disponibilità e l'erogazione tempestiva dei fondi;

(c) La trasparenza dei processi decisionali e gestionali in materia di raccolta di fondi e assegnazioni;

(d) La responsabilità degli Stati Parte in via di sviluppo beneficiari rispetto all'uso concordato dei fondi.

15. La Conferenza delle Parti esamina i rapporti e le raccomandazioni della commissione per le finanze e prende le misure appropriate.

16. La Conferenza delle Parti intraprenderà, inoltre, un esame periodico del meccanismo finanziario per valutare l'adeguatezza, l'efficacia e l'accessibilità delle risorse finanziarie, anche per la fornitura di capacità e il trasferimento di tecnologia marina, in particolare per gli Stati Parte in via di sviluppo.

Parte VIII

ATTUAZIONE E CONFORMITÀ

Articolo 53

Attuazione

Le Parti adottano le necessarie misure legislative, amministrative o politiche, a seconda dei casi, per assicurare l'attuazione del presente Accordo.

Articolo 54

Monitoraggio dell'attuazione

Ciascuna Parte controlla l'attuazione dei propri obblighi ai sensi del presente Accordo e, nella forma e con la periodicità stabilite dalla Conferenza delle Parti, riferisce alla Conferenza stessa in merito alle misure adottate per l'attuazione del presente Accordo.

Articolo 55

Comitato per l'attuazione e la conformità

1. È istituito un comitato per l'attuazione e il rispetto delle disposizioni del presente Accordo, con il compito di facilitare ed esaminare l'attuazione e promuovere il rispetto delle disposizioni del presente Accordo. Il Comitato per l'attuazione e l'osservanza è di natura facilitativa e funziona in modo trasparente, non contraddittorio e non punitivo.

2. Il Comitato per l'attuazione e l'osservanza è composto da membri in possesso di qualifiche ed esperienze adeguate, nominati dalle Parti ed eletti dalla Conferenza delle Parti,

tenendo in debita considerazione l'equilibrio di genere e un'equa rappresentanza geografica.

3. Il Comitato per l'attuazione e il rispetto delle norme opera secondo le modalità e il regolamento interno adottati dalla Conferenza delle Parti nella sua prima riunione. Il Comitato per l'attuazione e la conformità esaminerà le questioni relative all'attuazione e alla conformità a livello individuale e sistemico, tra l'altro, e riferirà periodicamente e formulerà raccomandazioni, come appropriato, tenendo conto delle rispettive circostanze nazionali, alla Conferenza delle Parti.

4. Nel corso dei suoi lavori, il Comitato per l'attuazione e la conformità può attingere alle informazioni appropriate dagli organismi istituiti ai sensi del presente Accordo, nonché dagli strumenti e dai quadri giuridici pertinenti e dagli organismi mondiali, regionali, subregionali e settoriali competenti, a seconda delle necessità.

Parte IX

RISOLUZIONE DELLE CONTROVERSIE

Articolo 56

Prevenzione delle controversie

Le Parti cooperano al fine di prevenire le controversie.

Articolo 57

Obbligo di risolvere le controversie con mezzi pacifici

Le Parti hanno l'obbligo di risolvere le loro controversie relative all'interpretazione o all'applicazione del presente Accordo mediante negoziati, indagini, mediazione, conciliazione e arbitrato, composizione giudiziaria, ricorso ad agenzie o accordi regionali o altri mezzi pacifici di loro scelta.

Articolo 58

Risoluzione delle controversie con qualsiasi mezzo pacifico scelto dalle Parti

Nessuna disposizione della presente parte pregiudica il diritto delle Parti del presente Accordo di concordare in qualsiasi momento di risolvere una controversia tra loro riguardante l'interpretazione o l'applicazione del presente Accordo con qualsiasi mezzo pacifico di loro scelta.

Articolo 59

Controversie di natura tecnica

Qualora una controversia riguardi una questione di natura tecnica, le Parti interessate possono sottoporre la controversia a un gruppo di esperti ad hoc da esse istituito. Il gruppo conferisce con le Parti interessate e si adopera per risolvere rapidamente la controversia senza ricorrere alle procedure vincolanti per la risoluzione delle controversie di cui all'articolo 60 del presente Accordo.

Articolo 60
Procedure per la risoluzione delle controversie

1. Le controversie relative all'interpretazione o all'applicazione del presente Accordo sono risolte conformemente alle disposizioni per la risoluzione delle controversie di cui alla Parte XV della Convenzione.

2. Le disposizioni della parte XV e degli allegati V, VI, VII e VIII della Convenzione si considerano riprodotte ai fini della risoluzione delle controversie che coinvolgono una Parte del presente Accordo che non è Parte della Convenzione.

3. Qualsiasi procedura accettata da una Parte del presente Accordo che sia anche Parte della Convenzione ai sensi dell'articolo 287 della Convenzione si applica alla risoluzione delle controversie ai sensi della presente Parte, a meno che tale Parte, al momento della firma, della ratifica, dell'approvazione, dell'accettazione o dell'adesione al presente Accordo, o in qualsiasi momento successivo, non abbia accettato un'altra procedura ai sensi dell'articolo 287 della Convenzione per la risoluzione delle controversie ai sensi della presente Parte.

4. Qualsiasi dichiarazione resa da una Parte del presente Accordo che sia anche Parte della Convenzione ai sensi dell'articolo 298 della Convenzione si applicherà alla risoluzione delle controversie ai sensi della presente Parte, a meno che tale Parte, al momento della firma, della ratifica, dell'approvazione, dell'accettazione o dell'adesione al presente Accordo, o in qualsiasi momento successivo, abbia reso una diversa dichiarazione ai

sensi dell'articolo 298 della Convenzione per la risoluzione delle controversie ai sensi della presente Parte.

5. Ai sensi del paragrafo 2 di cui sopra, una Parte del presente Accordo che non sia Parte della Convenzione, al momento della firma, ratifica, approvazione, accettazione o adesione al presente Accordo, o in qualsiasi momento successivo, è libera di scegliere, mediante una dichiarazione scritta presentata al depositario, uno o più dei seguenti mezzi per la risoluzione delle controversie relative all'interpretazione o all'applicazione del presente Accordo:

(a) Il Tribunale internazionale per il diritto del mare;

(b) La Corte internazionale di giustizia;

(c) Un tribunale arbitrale dell'Allegato VII;

(d) Un tribunale arbitrale speciale dell'Allegato VIII per una o più delle categorie di controversie specificate in tale Allegato.

6. Si ritiene che una Parte del presente Accordo che non sia Parte della Convenzione e che non abbia rilasciato una dichiarazione abbia accettato l'opzione di cui al paragrafo 5 (c). Se le parti di una controversia hanno accettato la stessa procedura per la risoluzione della controversia, questa può essere sottoposta solo a tale procedura, a meno che le parti non convengano diversamente. Se le parti di una controversia non hanno accettato la stessa procedura per la risoluzione della controversia, questa può essere sottoposta solo all'arbitrato di cui all'Allegato VII della Convenzione, a meno che le parti non convengano diversamente. L'articolo 287, paragrafi da 6 a 8, della Convenzione si applica alle dichiarazioni rese ai sensi del precedente paragrafo 5.

7. Una Parte del presente Accordo che non sia Parte della Convenzione può, al momento della firma, ratifica, approvazione, accettazione o adesione al presente Accordo, o in qualsiasi momento successivo, fatti salvi gli obblighi derivanti dalla presente Parte, dichiarare per iscritto di non accettare una o più delle procedure previste dalla Parte XV, sezione 2, della Convenzione in relazione a una o più delle categorie di controversie di cui all'articolo 298 della Convenzione per la

risoluzione delle controversie ai sensi della presente Parte. A tale dichiarazione si applica l'articolo 298 della Convenzione.

8. Le disposizioni del presente articolo non pregiudicano le procedure di risoluzione delle controversie che le Parti hanno concordato in quanto partecipanti a uno strumento o quadro giuridico pertinente o in quanto membri di un organismo globale, regionale, subregionale o settoriale pertinente in merito all'interpretazione o all'applicazione di tali strumenti e quadri.

9. Nessuna disposizione del presente Accordo deve essere interpretata nel senso di conferire a una corte o a un tribunale la giurisdizione su qualsiasi controversia che riguardi o implichi necessariamente la considerazione concomitante dello status giuridico di un'area come rientrante nella giurisdizione nazionale, né su qualsiasi controversia relativa alla sovranità o ad altri diritti sul territorio continentale o terrestre insulare o a una rivendicazione su di esso di una Parte del presente Accordo, fermo restando che nessuna disposizione del presente paragrafo deve essere interpretata nel senso di limitare la giurisdizione di una corte o di un tribunale ai sensi della Parte XV, sezione 2, della Convenzione.

10. A scanso di equivoci, nessuna disposizione del presente Accordo potrà essere invocata come base per affermare o negare qualsiasi rivendicazione di sovranità, diritti sovrani o giurisdizione su zone terrestri o marittime, anche per quanto riguarda eventuali controversie ad esse relative.

Articolo 61

Accordi provvisori

In attesa della risoluzione di una controversia in conformità con la presente parte, le parti della controversia si adoperano per stipulare accordi provvisori di natura pratica.

Parte X

PARTI NON CONTRAENTI DEL PRESENTE ACCORDO

Articolo 62

Parti non contraenti del presente Accordo

Le Parti incoraggiano le parti non contraenti del presente Accordo a diventarne parti e a adottare leggi e regolamenti coerenti con le sue disposizioni.

Parte XI

BUONA FEDE E ABUSO DI DIRITTO

Articolo 63
Buona fede e abuso di diritto

Le Parti adempiono in buona fede agli obblighi assunti ai sensi del presente Accordo ed esercitano i diritti in esso riconosciuti in modo tale da non costituire abuso di diritto.

Parte XII

DISPOSIZIONI FINALI

Articolo 64

Diritto di voto

1. Ciascuna Parte del presente Accordo dispone di un voto, salvo quanto previsto dal successivo paragrafo 2.

2. Un'organizzazione di integrazione economica regionale Parte del presente Accordo, per le questioni di sua competenza, esercita il diritto di voto con un numero di voti pari al numero dei suoi Stati membri che sono Parti del presente Accordo. Tale organizzazione non esercita il proprio diritto di voto se uno dei suoi Stati membri esercita il proprio diritto di voto e viceversa.

Articolo 65

Firma

Il presente Accordo sarà aperto alla firma di tutti gli Stati e delle organizzazioni regionali di integrazione economica a partire dal 20 settembre 2023 e resterà aperto alla firma presso la sede delle Nazioni Unite a New York fino al 20 settembre 2025.

Articolo 66

Ratifica, approvazione, accettazione e adesione

Il presente Accordo è soggetto a ratifica, approvazione o accettazione da parte degli Stati e delle organizzazioni regionali di integrazione economica. Esso sarà aperto all'adesione degli Stati e delle organizzazioni regionali di integrazione economica a partire dal giorno successivo alla data in cui l'Accordo sarà chiuso alla firma. Gli strumenti di ratifica, approvazione, accettazione e adesione saranno depositati presso il Segretario generale delle Nazioni Unite.

Articolo 67

Ripartizione delle competenze delle organizzazioni regionali di integrazione economica e dei loro Stati membri in relazione alle materie disciplinate dal presente Accordo

1. Qualsiasi organizzazione di integrazione economica regionale che diventi Parte del presente Accordo senza che nessuno dei suoi Stati membri ne sia Parte è vincolata da tutti gli obblighi previsti dal presente Accordo. Nel caso di tali organizzazioni, delle quali uno o più Stati membri è Parte del presente Accordo, l'organizzazione e i suoi Stati membri decidono le rispettive responsabilità per l'adempimento degli obblighi previsti dal presente Accordo. In tali casi, l'organizzazione e gli Stati membri non potranno esercitare contemporaneamente i diritti previsti dal presente Accordo.

2. Nel suo strumento di ratifica, approvazione, accettazione o adesione, un'organizzazione di integrazione economica regionale dichiara l'estensione della sua competenza in relazione alle questioni disciplinate dal presente Accordo. Tale organizzazione informa inoltre il depositario, che a sua volta informa le Parti, di qualsiasi modifica rilevante del proprio ambito di competenza.

Articolo 68

Entrata in vigore

1. Il presente Accordo entra in vigore 120 giorni dopo la data di deposito del sessantesimo strumento di ratifica, approvazione, accettazione o adesione.

2. Per ogni Stato o organizzazione di integrazione economica regionale che ratifichi, approvi o accetti il presente Accordo o vi

aderisca dopo il deposito del sessantesimo strumento di ratifica, approvazione, accettazione o adesione, il presente Accordo entrerà in vigore il trentesimo giorno successivo al deposito del suo strumento di ratifica, approvazione, accettazione o adesione, fatto salvo il paragrafo 1 di cui sopra.

3. Ai fini dei paragrafi 1 e 2, gli strumenti depositati da un'organizzazione d'integrazione economica regionale non sono conteggiati come strumenti supplementari rispetto a quelli depositati dagli Stati membri di tale organizzazione.

Articolo 69

Applicazione provvisoria

1. Il presente Accordo può essere applicato in via provvisoria da uno Stato o da un'organizzazione di integrazione economica regionale che acconsenta alla sua applicazione provvisoria notificandolo per iscritto al depositario al momento della firma o del deposito del proprio strumento di ratifica, approvazione, accettazione o adesione. Tale applicazione provvisoria diventa effettiva a partire dalla data di ricezione della notifica da parte del depositario.

2. L'applicazione provvisoria da parte di uno Stato o di un'organizzazione regionale di integrazione economica termina con l'entrata in vigore del presente Accordo per tale Stato o organizzazione regionale di integrazione economica o con la notifica scritta al depositario da parte di tale Stato o organizzazione regionale di integrazione economica della sua intenzione di porre fine all'applicazione provvisoria.

Articolo 70

Riserve ed eccezioni

Il presente Accordo non può essere oggetto di riserve o eccezioni, a meno che non siano espressamente consentite da altri articoli del presente Accordo.

Articolo 71
Dichiarazioni e affermazioni

L'articolo 70 non impedisce a uno Stato o a un'organizzazione di integrazione economica regionale, al momento della firma, della ratifica, dell'approvazione, dell'accettazione o dell'adesione al presente Accordo, di fare dichiarazioni o affermazioni, comunque formulate o denominate, al fine, tra l'altro, di armonizzare le proprie leggi e i propri regolamenti con le disposizioni del presente Accordo, a condizione che tali dichiarazioni o affermazioni non mirino a escludere o a modificare l'effetto giuridico delle disposizioni del presente Accordo nella loro applicazione a tale Stato o organizzazione di integrazione economica regionale.

Articolo 72
Emendamenti

1. Una Parte può, mediante comunicazione scritta indirizzata al Segretariato, proporre emendamenti al presente Accordo. Il Segretariato trasmette tale comunicazione a tutte le Parti. Se, entro sei mesi dalla data di diffusione della comunicazione, almeno la metà delle Parti risponde favorevolmente alla richiesta, l'emendamento proposto viene esaminato nella successiva riunione della Conferenza delle Parti.

2. Un emendamento al presente Accordo adottato in conformità all'articolo 47 viene comunicato dal depositario a tutte le Parti per la ratifica, l'approvazione o l'accettazione.

3. Gli emendamenti al presente Accordo entrano in vigore, per le Parti che li ratificano, li approvano o li accettano, il trentesimo giorno successivo al deposito degli strumenti di ratifica, approvazione o accettazione da parte di due terzi del numero di Parti del presente Accordo al momento dell'adozione dell'emendamento. In seguito, per ciascuna Parte che deposita il proprio strumento di ratifica, approvazione o accettazione

di un emendamento dopo il deposito del numero richiesto di tali strumenti, l'emendamento entra in vigore il trentesimo giorno successivo al deposito del proprio strumento di ratifica, approvazione o accettazione.

4. Un emendamento può prevedere, al momento della sua adozione, che per la sua entrata in vigore sia necessario un numero di ratifiche, approvazioni o accettazioni inferiore o superiore a quello richiesto dal presente articolo.

5. Ai fini dei paragrafi 3 e 4, gli strumenti depositati da un'organizzazione di integrazione economica regionale non sono conteggiati in aggiunta a quelli depositati dagli Stati membri di tale organizzazione.

6. Uno Stato o un'organizzazione d'integrazione economica regionale che diventi Parte del presente Accordo dopo l'entrata in vigore degli emendamenti ai sensi del paragrafo 3, salvo che tale Stato o organizzazione d'integrazione economica regionale non esprima un'intenzione diversa, sarà considerato come Parte del presente Accordo:

(a) Sarà considerato Parte del presente Accordo così emendato;

(b) Sarà considerato Parte dell'Accordo non emendato in relazione a qualsiasi Parte non vincolata dall'emendamento.

Articolo 73

Denuncia

1. Una Parte può, mediante notifica scritta indirizzata al Segretario generale delle Nazioni Unite, denunciare il presente Accordo, indicandone i motivi. La mancata indicazione dei motivi non pregiudica la validità della denuncia. La denuncia ha effetto un anno dopo la data di ricevimento della notifica, a meno che la notifica non specifichi una data successiva.

2. La denuncia non pregiudica in alcun modo l'obbligo di una Parte di adempiere a qualsiasi obbligo contenuto nel presente Accordo a cui sarebbe soggetta in base al diritto internazionale

indipendentemente dal presente Accordo.

Articolo 74
Allegati

1. Gli allegati costituiscono parte integrante del presente Accordo e, salvo espressa disposizione contraria, un riferimento al presente Accordo o a una delle sue parti comprende un riferimento agli allegati ad esso relativi.

2. Le disposizioni dell'articolo 72 relative alla modifica del presente Accordo si applicano anche alla proposta, all'adozione e all'entrata in vigore di un nuovo allegato dell'Accordo.

3. Ogni Parte può proporre l'emendamento di un qualsiasi allegato del presente Accordo affinché sia esaminato nella successiva riunione della Conferenza delle Parti. Gli allegati possono essere emendati dalla Conferenza delle Parti. In deroga alle disposizioni dell'articolo 72, in relazione agli emendamenti agli allegati del presente Accordo si applicano le seguenti disposizioni:

(a) Il testo dell'emendamento proposto deve essere comunicato al Segretariato almeno 150 giorni prima della riunione. Il Segretariato, una volta ricevuto il testo dell'emendamento proposto, lo comunica alle Parti. Il Segretariato consulterà gli organi sussidiari competenti, se necessario, e comunicherà ogni risposta a tutte le Parti almeno 30 giorni prima della riunione;

(b) Gli emendamenti adottati nel corso di una riunione entreranno in vigore 180 giorni dopo la chiusura della riunione stessa per tutte le Parti, ad eccezione di quelle che presenteranno un'obiezione ai sensi del paragrafo 4 seguente.

4. Durante il periodo di 180 giorni di cui al paragrafo 3, lettera b), qualsiasi Parte può, mediante notifica scritta al depositario, presentare un'obiezione all'emendamento. Tale obiezione può essere ritirata in qualsiasi momento mediante notifica scritta al depositario e, in tal caso, l'emendamento all'allegato entra in vigore per la Parte in questione il trentesimo giorno successivo

alla data di ritiro dell'obiezione.

Articolo 75

Depositario

Il Segretario generale delle Nazioni Unite è il depositario del presente Accordo e dei suoi emendamenti o revisioni.

Articolo 76

Testi autentici

I testi arabo, cinese, inglese, francese, russo e spagnolo del presente Accordo fanno ugualmente fede.

Allegato I

Criteri indicativi per l'identificazione delle aree

(a) Unicità;

(b) Rarità;

(c) Particolare importanza per gli stadi vitali delle specie

(d) Particolare importanza delle specie che vi si trovano;

(e) Importanza per le specie o gli habitat minacciati, in pericolo o in declino;

(f) Vulnerabilità, anche ai cambiamenti climatici e all'acidificazione degli oceani;

(g) Fragilità;

(h) Sensibilità;

(i) Diversità biologica e produttività

(j) Rappresentatività

(k) Dipendenza;

(l) Naturalità;

(m) Connettività ecologica;

(n) Importanti processi ecologici che vi si verificano;

(o) Fattori economici e sociali;

(p) Fattori culturali;

(q) Impatti cumulativi e transfrontalieri;

(r) Recupero lento e resilienza;

(s) Adeguatezza e redditività;

(t) Riproduzione;

(u) Sostenibilità della riproduzione;
(v) Esistenza di misure di conservazione e gestione.

Allegato II

Tipi di sviluppo di capacità e di trasferimento di tecnologia marina

Ai sensi del presente Accordo, le iniziative di rafforzamento delle capacità e di trasferimento di tecnologia marina possono comprendere, a titolo esemplificativo e non esaustivo

(a) La condivisione di dati, informazioni, conoscenze e ricerche pertinenti, in formati di facile utilizzo, tra cui:

(i) La condivisione delle conoscenze scientifiche e tecnologiche sull'ambiente marino;

(ii) Lo scambio di informazioni sulla conservazione e sull'uso sostenibile della diversità biologica marina in aree al di fuori della giurisdizione nazionale;

(iii) la condivisione dei risultati della ricerca e dello sviluppo;

(b) la diffusione di informazioni e la sensibilizzazione, anche per quanto riguarda:

(i) La ricerca scientifica marina, le scienze marine e le operazioni e i servizi marini correlati;

(ii) Informazioni ambientali e biologiche raccolte attraverso la ricerca condotta in aree al di fuori della giurisdizione nazionale;

(iii) Le conoscenze tradizionali pertinenti, in linea con il consenso libero, preventivo e informato dei detentori di tali conoscenze;

(iv) Fattori di stress sull'oceano che influenzano la diversità biologica marina delle aree al di fuori della giurisdizione nazionale, compresi gli effetti negativi del cambiamento climatico, come il riscaldamento e la deossigenazione degli oceani, nonché l'acidificazione degli oceani;

(v) Misure come gli strumenti di gestione basati sulle aree, comprese le aree marine protette;

(vi) Valutazioni di impatto ambientale;

(c) Lo sviluppo e il rafforzamento delle infrastrutture pertinenti, comprese le attrezzature, quali:

(i) Lo sviluppo e la creazione delle infrastrutture necessarie;

(ii) La fornitura di tecnologia, comprese le attrezzature per il campionamento e la metodologia (ad esempio, per campioni di acqua, geologici, biologici o chimici);

(iii) L'acquisizione delle attrezzature necessarie per sostenere e sviluppare ulteriormente le capacità di ricerca e sviluppo, anche nella gestione dei dati, nel contesto delle attività relative alle risorse genetiche marine e alle informazioni sulla sequenza digitale delle risorse genetiche marine di aree al di fuori della giurisdizione nazionale, misure quali gli strumenti di gestione basati sulle aree, comprese le aree marine protette, e la conduzione di valutazioni di impatto ambientale;

(d) Lo sviluppo e il rafforzamento della capacità istituzionale e dei quadri o meccanismi normativi nazionali, tra cui:

(i) Quadri e meccanismi di governance, politici e giuridici;

(ii) Assistenza nello sviluppo, nell'attuazione e nell'applicazione di misure legislative, amministrative o politiche nazionali, tra cui

(ii) Assistenza nello sviluppo, nell'attuazione e nell'applicazione di misure legislative, amministrative o politiche nazionali, compresi i requisiti normativi, scientifici e tecnici associati a livello nazionale, subregionale o regionale;

(iii) Supporto tecnico per l'attuazione delle disposizioni del presente Accordo, compreso il monitoraggio e la comunicazione dei dati;

(iv) Capacità di tradurre le informazioni e i dati in politiche efficaci ed efficienti, anche facilitando l'accesso e l'acquisizione delle conoscenze necessarie per informare i decisori negli Stati Parte in via di sviluppo;

(v) La creazione o il rafforzamento delle capacità istituzionali delle organizzazioni e delle istituzioni nazionali e regionali pertinenti;

(vi) La creazione di centri scientifici nazionali e regionali, anche come archivi di dati;

(vii) Lo sviluppo di centri regionali di eccellenza;

(viii) Lo sviluppo di centri regionali per lo sviluppo delle competenze;

(ix) Aumentare i legami di cooperazione tra le istituzioni regionali, ad esempio la collaborazione Nord-Sud e Sud-Sud e la collaborazione tra le organizzazioni marittime regionali e le organizzazioni regionali di gestione della pesca;

(e) Lo sviluppo e il rafforzamento delle capacità di gestione umana e finanziaria e delle competenze tecniche attraverso gli scambi, la collaborazione nella ricerca, il supporto tecnico, l'istruzione e la formazione e il trasferimento di tecnologia marina, come ad esempio:

(i) la collaborazione e la cooperazione nel campo delle scienze marine, anche attraverso la raccolta di dati, lo scambio tecnico, i progetti e i programmi di ricerca scientifica e lo sviluppo di progetti di ricerca scientifica congiunti in collaborazione con le istituzioni dei Paesi in via di sviluppo;

(ii) Istruzione e formazione in:

a. Scienze naturali e sociali, sia di base che applicate, per sviluppare le capacità scientifiche e di ricerca;

b. Tecnologia e applicazione delle scienze e delle tecnologie marine, per sviluppare le capacità scientifiche e di ricerca;

c. Politica e governance;

d. La rilevanza e l'applicazione delle conoscenze tradizionali;

(iii) Lo scambio di esperti, compresi gli esperti di conoscenze tradizionali;

(iv) l'erogazione di finanziamenti per lo sviluppo di risorse umane e competenze tecniche, anche attraverso:

a. L'erogazione di borse di studio o altre sovvenzioni per i rappresentanti dei piccoli Stati insulari in via di sviluppo che partecipano a seminari, programmi di formazione o altri programmi pertinenti per sviluppare le loro capacità specifiche;

b. La fornitura di competenze e risorse finanziarie e tecniche, in particolare per i piccoli Stati insulari in via di sviluppo, per quanto riguarda le valutazioni di impatto ambientale;

(v) L'istituzione di un meccanismo di rete tra le risorse umane formate;

(f) Lo sviluppo e la condivisione di manuali, linee guida e standard, tra cui:

(i) Criteri e materiali di riferimento;

(ii) Standard e regole tecnologiche.

(iii) Un archivio per i manuali e le informazioni pertinenti per condividere le conoscenze e le capacità su come condurre le valutazioni di impatto ambientale.

(iii) un archivio di manuali e informazioni pertinenti per condividere le conoscenze e le capacità su come condurre le valutazioni di impatto ambientale, le lezioni apprese e le migliori pratiche;

(g) lo sviluppo di programmi tecnici, scientifici e di ricerca e sviluppo, comprese le attività di ricerca biotecnologica.

---

[1] https://www.un.org/Depts/los/convention_agreements/convention_overview_convention.htm

[2] Articoli inserito dall'art. 1, comma 2, D.Lgs. 16 gennaio 2008, n. 4.

[3] Il concetto di sostenibilità è stato introdotto nel corso della prima conferenza ONU sull'ambiente nel 1972, anche se soltanto nel 1987, con la pubblicazione del cosiddetto rapporto Brundtland, venne definito con chiarezza l'obiettivo dello sviluppo sostenibile che, dopo la conferenza ONU su ambiente e sviluppo del 1992, è divenuto il nuovo paradigma dello sviluppo stesso, fino all'Agenda ONU 2030 per lo Sviluppo Sostenibile, che nel Preambolo esprime con forza

la propria alta visione: *"Quest'Agenda è un programma d'azione per le persone, il pianeta e la prosperità. Essa persegue inoltre il rafforzamento della pace universale in una maggiore libertà. Riconosciamo che sradicare la povertà in tutte le sue forme e dimensioni, inclusa la povertà estrema, è la più grande sfida globale ed un requisito indispensabile per lo sviluppo sostenibile"*.

[4] Articolo così modificato dall'art. 1, comma 1, L. Cost. 11 febbraio 2022, n. 1.

[5] Articolo così modificato dall'art. 2, comma 1, lett. a) e b), L. Cost. 11 febbraio 2022, n. 1

[6] Il testo ufficiale nella versione inglese utilizza il termine *steward*, che accanto all'idea di gestione o amministrazione sottolinea un significato di servizio dedicato alla gestione e alla tutela della casa (altre possibili traduzioni: *intendente, maggiordomo, servitore, guardiano*). La parola deriva dall'inglese antico *stīweard*, composto di *stī* (recinto, casa) e *weard* (guardiano). Come noto l'uso corrente indica oggi soprattutto l'impiegato di compagnie aeree o navi di linea dedicato all'assistenza ai passeggeri.

L'autore

Roberto Sammarchi è un avvocato italiano del foro di Bologna, abilitato al patrocinio davanti alle giurisdizioni superiori e specialista in diritto dell'informazione, della comunicazione digitale e della tutela dei dati personali.
È dottore di ricerca in informatica giuridica e diritto dell'informatica. Ha conseguito il master in diritto tributario e svolto percorsi di alta formazione in amministrazione, finanza e controllo, legislazione alimentare e diritto comunitario.
È docente da oltre quindici anni nel master universitario in ingegneria clinica dell'università di Bologna, dove cura un corso sulle responsabilità giuridiche nelle professioni tecniche e sanitarie.
Da oltre trent'anni si occupa di rapporti fra imprese e organizzazioni italiane e tedesche; presta servizi legali in Germania come avvocato europeo notificato alla Camera Avvocati di Monaco. Rappresenta in Emilia-Romagna ITKAM, Camera di Commercio Italiana per la Germania.
Manager dell'innovazione e internal auditor, è impegnato in numerose realtà associative, fra cui AIAS (Associazione Italiana Ambiente e Sicurezza) e Federmanager.
Sia in AIAS, sia in Federmanager, partecipa a commissioni tecniche dedicate ai temi del mare, della protezione degli ambienti marini e costieri e della sicurezza nelle attività marittime e portuali. Fa parte della Sezione di Cesenatico della Lega Navale Italiana, di cui nel 2024 è stato eletto presidente.

www.ingramcontent.com/pod-product-compliance
Lightning Source LLC
Chambersburg PA
CBHW071833210526
45479CB00001B/117